Tominaga
Die kundenfeindlichen Konzerne

ۮ

Minoru Tominaga

Die kundenfeindlichen Konzerne

Was Unternehmen ihren
Kunden verheimlichen

Econ

Der Econ Verlag ist ein Unternehmen
der Econ Ullstein List Verlag GmbH & Co. KG

ISBN 3-430-19139-4

Gesetzt aus der Century bei
Franzis print & media GmbH, München
Druck und Bindearbeiten: Bercker, Kevelaer

Inhalt

Der globale König Kunde

Der Kunde ist König! In Deutschland glauben viele Menschen, dass dieser Satz eine Tatsachenbehauptung sei, die nur noch nicht genügend Beachtung finde. Viele glauben sogar, dass »Der Kunde ist König« ein Prinzip sei, das weltweit Beachtung finde und das im Zeichen der viel gepriesenen und ebenso viel gescholtenen Globalisierung seinen endgültigen Siegeszug rund um die Welt antrete. Die Taschen prall mit Geld gefüllt, regiert der Kunde den Strom der Waren; wird nach seinen Wünschen alles produziert, was sein Herz begehrt, bestimmt er Preis und Qualität. Welch ein globaler Irrtum! Der globale König Kunde ist in Wirklichkeit nur ein armseliger Bettler. Geblendet von der geballten Macht der Illusionen aus der Werbung, betäubt von den dröhnenden Märchen der Politiker und verkrüppelt durch die finanziellen Fesseln der Lohnarbeit. Die wahren Kaiser und Könige der Welt sind heute die multinationalen Konzerne des Handels, der Finanzwirtschaft, der Waren- und Wissensindustrie und der Unterhaltungsindustrie.

Alles ist mit allem verknüpft. Beginnen wir deshalb ganz einfach in Deutschland. Wer glaubt, dass er als Kunde besondere, unverbrüchliche Rechte oder überhaupt irgendwelche Rechte besitzt, der irrt. Der deutsche Gesetzgeber und die deutsche Rechtsprechung und Justiz kennen den Begriff des Kunden überhaupt nicht. Ein Kaufvertrag wird zwischen einem Verkäufer und einem Käufer geschlossen. Beide sind gleichberechtigt und keiner von beiden ist unter juristischen Gesichtspunkten »König«.

Verbraucherschutz statt Kundenschutz

Gesetzeskenner werden jetzt vielleicht einwenden, dass in Deutschland aber eine ganze Reihe von mehr oder weniger speziellen Verbraucherschutzgesetzen existiert. Richtig, das Haustürwiderrufsgesetz, das Preisangabengesetz, das Produkthaftungsgesetz, das Rabattgesetz, das Verbraucherkreditgesetz, das Verkaufsprospektgesetz, das Arzneimittelgesetz, das Gesetz über die allgemeinen Geschäftsbedingungen, das Fernunterrichtsschutzgesetz, das Telekommunikationsgesetz und das Versicherungsvertragsgesetz. Wahrscheinlich habe ich noch einige übersehen. Aber hier geht es nicht um den Kunden, sondern um den Verbraucher. Das mag nur wie ein kleiner Unterschied aussehen, ist es aber nicht.

Dem Staat geht es in seiner Gesetzgebung nicht darum, den Kunden zu schützen, sondern ein funktionierendes Wirtschaftssystem zu schaffen und zu erhalten. Dazu gehört dann eben auch, die Betrügereien und Übervorteilungen der einen Seite in Grenzen zu halten, weil sonst die andere irgendwann mit grober Gewalt reagieren würde. Man möchte die Rechtsordnung als Ganzes schützen und zum Teil auch die wirtschaftlich Stärkeren vor ihrer eigenen Raffgier, die kurzfristig Gewinne bringt, langfristig aber nur Schaden anrichtet.

Dass es dabei nicht um Kundenrechte geht, erkennt man auch ganz leicht daran, dass diese Gesetze dem Schutz des Verbrauchers, also dem Schutz des Konsums, gewidmet sind. Verbrauch als Grundlage des Wohlstands ist das schützenswerte Gut – und nicht der Kunde an sich. Dem Kunden hat man nur auf freiwilliger Basis einige Rechte verliehen, die man ihm auch wieder fortnehmen kann, wenn es nützlich erscheint.

Das beginnt schon bei dem Status als Kunde. Ob jemand überhaupt als Kunde betrachtet wird oder nicht, bestimmt im marktwirtschaftlichen System keineswegs der Kunde selbst, sondern das Unternehmen, das ihn beliefert oder für ihn Dienstleistungen erbringt. Jeder Ladenbesitzer und jeder Gastwirt kann einen Kunden oder Gast hinauswerfen, wenn es ihm passt, er braucht sich nur auf sein Hausrecht zu berufen und im Streitfall einen einigermaßen plausiblen Grund zu finden. Aber er kann sich auch schon von vornherein seine Kunden aussuchen, mit dem Hinweis »Nur für Mitglieder« oder auch »Nur für Fluggäste der ersten Klasse«.

Dieses einfache Selektionsprinzip gilt viel häufiger, als es die meisten Leser vermuten werden. Einerseits, weil sie vielleicht selbst zu den Bevorzugten der Wirtschaft gehören, andererseits weil sie auf eine viel subtilere Art als durch Verbotsschilder ausgeschlossen werden. Preise, Ambiente, ein Oberkellner, der »leider keinen Tisch mehr frei hat«, ein Hotel, das »leider schon ausgebucht ist«, oder ein Autoverkäufer, der »leider eine ganz, ganz lange Warteliste hat«, sind Elemente einer Ausschlussgesellschaft.

Da braucht man gar nicht so rabiat zu sein wie jene deutschen Taxifahrer, die einen betrunkenen Fahrgast oder einen ärmlich aussehenden Ausländer

14

mit viel Gepäck lieber am Einsteigen hindern, als ihm zu helfen. Oder wie einige internationale Konzerne, die Millionen potenzieller Kunden in Entwicklungsländern zum Beispiel nicht mit wirksamen und preiswerten Medikamenten versorgen und dabei offenbar ganz ungerührt deren Tod in Kauf nehmen, solange sie in den Industrienationen für dieselben Medikamente noch überhöhte Preise erzielen können.

Kein Mitbestimmungsrecht bei Preisen

Der Kunde hat aber nicht nur keine Entscheidungsgewalt darüber, ob er überhaupt bedient wird, er hat auch bei der Preisgestaltung weitaus seltener ein Mitspracherecht, als er glaubt und ihm gern glauben gemacht wird. Die Preise in den deutschen Supermärkten purzelten im Sommer 1999 nicht etwa, weil man dem Kunden dienen wollte, und auch nicht, weil die Hersteller ihre Preise freiwillig reduziert hätten oder gar günstiger produzierten, nein, es handelte sich einfach um einen Krieg um Marktanteile.

Und wenn so ein Krieg vorbei ist, drehen die Sieger wieder an der Preisschraube, um die in der Zwischenzeit erlittenen Verluste doppelt und dreifach hereinzuholen. Denn die geschwächte Konkurrenz wird mit Sicherheit ebenfalls die Preise anziehen und nicht eine erneute Konfrontation suchen. Das Einzige, was sich nach einer solchen Aktion für den Kunden geändert haben wird, ist, dass er entweder woanders einkauft als früher oder sein heimischer Supermarkt den Namen einer anderen Ladenkette trägt.

Die Preissouveränität liegt beim Handel und bei den großen Konzernen – und in einigen wenigen Fällen auch beim mittelständischen Hersteller, aber nicht beim Kunden. Den »König Kunde« gibt es in der Praxis nicht. Er darf sich vielleicht manchmal hofieren lassen, aber er darf nicht regieren. Das gilt erst recht für den globalen Kunden; denn die Regeln und Umgangsformen auf dem globalen Markt sind noch um etliche Grade härter als im »Freizeitparadies Deutschland«.

Es gibt nur eine Ausnahme von der Regel des rechtlosen Kunden, nämlich die der Konzerne als Kunden. Wenn ein Lieferant nur einen oder doch nur wenige Kunden hat und wenn dieser oder diese Kunden wirtschaftlich mächtige Konzerne sind, wie das zum Beispiel bei den Automobilkonzernen und ihren Zulieferfirmen oft der Fall ist, dann bestimmt der Kunde alles. Nur in einer solchen Konstellation drehen sich die Machtverhältnisse komplett herum, hier bestimmt der Kunde die Preise, die Menge und alle anderen Konditionen, auch ob es den Lieferanten noch geben darf oder ob er sein Unternehmen an seine Konkurrenz zu verkaufen hat. Ein großer deutscher Autokonzern hat sogar den Preis festgelegt, den der Konkurrent für die Übernahme seines mittelständischen Wettbewerbers zu zahlen hatte.

Ein globaler Markt macht noch keinen globalen Kunden

Prinzipiell ist jeder Mensch auf der Welt ein potenzieller Kunde für eine Vielzahl von Produkten. Denn wenn wir von einem globalen Markt ausgehen, müssen wir auch die Existenz eines globalen Kunden akzeptieren. Dass es den globalen Kunden de facto heute aus einer Vielzahl von Gründen nicht gibt, wissen wir alle. Aber wir sind uns sicher nicht bewusst, weshalb eine globale Wirtschaft für uns selbstverständlich sein soll, mit globalen Produzenten, globalen Warenmärkten, globalen Marken, globalen Finanzmärkten und einem globalen Kommunikationsnetz, in der nur einer fehlt, der globale Kunde. Tatsache ist, dass wir das auch gar nicht wissen sollen, denn das könnte unsere ungetrübte Konsumfreude beeinträchtigen.

Die Globalisierung der Wirtschaft oder zumindest einzelner Wirtschaftszweige ist keine Erfindung des ausgehenden 20. Jahrhunderts. Schon vor weit mehr als zweitausend Jahren wurde globaler Handel zwischen den großen Kulturen Vorderasiens, dem Mittleren und Fernen Osten, den europäischen Kulturzentren und denen Afrikas betrieben. Schon damals war die Globalisierung mit Risiken behaftet. So wurde zum Beispiel der Erreger der Pest im Mittelalter mit Waren aus China nach Europa eingeschleppt.

Eine neue Form der Globalisierung

Die Globalisierung heute unterscheidet sich von der der vergangenen Jahrhunderte ganz erheblich, und doch ist auch sie keineswegs ohne Risiko. Früher ging es um die weltweite Beschaffung von Rohstoffen und von Gütern, die nur unter bestimmten Bedingungen, zum Teil klimatischer Natur, entstehen konnten, um Arbeitskräfte in Form von Sklaven sowie um den Absatz von Fertigwaren aus europäischer und später nordamerikanischer und japanischer Produktion. Die größten zu überwindenden Hürden waren die räum-

liche und zeitliche Distanz. Die heutige Form der Globalisierung lässt Zeit und Raum zusammenschrump-
fen und Grenzen wegfallen, daher werden die Verbindungen zwischen den Menschen enger, intensiver
und direkter als je zuvor.

Die Globalisierung ist heute mehr als nur der Fluss
von Geld und Waren: Sie ist der Ausdruck einer wachsenden Verflechtung zwischen den Menschen überall
auf der Welt, aber eben nicht zwischen allen Menschen, die Mehrheit bleibt ausgegrenzt.

Die Globalisierung ist ein Prozess, der sich nicht
nur auf die Wirtschaft erstreckt, sondern auch auf die
Technologie und die Kultur, mit all ihren Aspekten.
Immer mehr Menschen treten miteinander in Verbindung und werden daher auch von Ereignissen in
fernen Weltgegenden betroffen. Der Zusammenbruch
der thailändischen Währung hat nicht nur Millionen
Menschen in Südostasien arbeitslos gemacht, sondern auch einen Rückgang der globalen Nachfrage
eingeleitet, was sich bis auf die sozialen Dienste in
Lateinamerika und die Medikamentenkosten in Afrika auswirkte.

Die Art und Weise, in der die Globalisierung heute
stattfindet, beruht nicht nur auf technologischen
Fortschritten, sondern hat selbst auch völlig neue
Aspekte bei bestehenden Einrichtungen oder völlig
neue Institutionen geschaffen:

Neue Devisen- und Kapitalmärkte sind weltweit
verbunden, operieren rund um die Uhr und wickeln
alle Transaktionen in Echtzeit ab. Räumliche Entfer-
nungen spielen keine Rolle mehr, marginale Ereig-
nisse und diffuse Äußerungen einiger weniger wichtiger Personen auf der anderen Seite des Globus
lassen Aktienkurse steigen oder fallen.

Neue Instrumente wie Internet, Mobiltelefone und Medien-Netzwerke verändern nicht nur die Wahrnehmung der Welt, sie beschleunigen das Leben aller, die sich auf diese Instrumente einlassen, und verändern Lebensstile und Werte.

Neue Akteure, wie nur noch aus Marken und Netzwerken bestehende Firmen oder virtuelle Unternehmen, verändern die Produktion und den Konsum ebenso einschneidend wie die neuen Megakonzerne.

Neue Regeln bei multilateralen Abkommen über Handel, Dienstleistungen und geistiges Eigentum, gemacht von neuen Akteuren und gemacht für diese, schränken den Spielraum für die nationale Politik ein.

Chancen für menschlichen Fortschritt

Die Globalisierung könnte nicht nur das Wirtschaftswachstum, sondern auch den menschlichen Fortschritt fördern, indem sie durch verstärkten Handel, neue Technologien, Auslandsinvestitionen sowie ausgebaute Medien- und Internetverbindungen Millionen von Menschen rund um die Welt ganz neue Chancen eröffnet, Chancen für die Überwindung der Armut. Es stehen heute mehr Wohlstand und Technologie zur Verfügung als je zuvor. Und aufgrund der Globalisierung ist es möglich geworden, das Leben der Menschen überall auf der Welt zu bereichern und ihre Wahlmöglichkeiten zu erweitern. Aber geschieht dies auch?

Angesichts der wachsenden Verflechtung des Lebens der Menschen rund um den Globus sind auch allgemein verbindliche Werte erforderlich und das gemeinsame Ziel, menschliche Entwicklung für alle zu erreichen. Nun stehen die meisten Konzernlenker aber auf dem Standpunkt, dass der Zweck von Unternehmen einzig und allein darin besteht, am Markt Gewinnchancen wahrzunehmen und nicht Arbeitsplätze zu erhalten oder gar zu schaffen. Für die menschliche Entwicklung fühlen sich Konzerne dann wohl erst recht nicht verantwortlich.

Durch die schnelle Expansion der Märkte und die Öffnung nationaler Grenzen für Handel, Kapital und Informationen hat das Wachstum der Globalisierung heute ein so hohes Tempo erreicht, dass die notwendige politische Steuerung und vor allem die Bewältigung der Auswirkungen auf die Menschen nicht mehr Schritt halten können. Zunächst haben sich die Politiker ihrer Lieblingsbeschäftigung gewidmet, der Schaffung von neuen Regeln, Normen und neuen Institutionen. Um die Menschen und ihre Rechte hat man sich weniger Gedanken gemacht.

Gefahren und Herausforderungen der Globalisierung

Wettbewerbsintensive Märkte mögen die beste Garantie für Effizienz sein, aber nicht notwendigerweise für das, was ich mit Kundenorientierung bezeichne. Liberalisierung und Privatisierung sind Schritte auf dem Weg hin zu Märkten mit starkem Wettbewerb. Das kann positiv sein, es kann aber auch zu einer immer stärkeren Fusion von Konzernen führen, die dann den Marktgesetzen, so sie denn existieren, nicht mehr unterworfen sind.

Auch sind Märkte keineswegs die *Ultima Ratio* der menschlichen Entwicklung. Viele Aktivitäten und

Güter, die für die menschliche Entwicklung von entscheidender Bedeutung sind und für die es zahllose Kunden gibt, werden nicht vom Markt bereitgestellt – aber sie werden durch den globalen Wettbewerb einem immer stärkeren Druck ausgesetzt. Öffentliche Güter geraten unter Druck, weil Haushalte gekürzt werden, Fürsorgetätigkeit gerät zeitlich unter Druck und die Umwelt gerät unter Druck, weil es an Anreizen zu besonnenem Verhalten fehlt.

Wenn die großen Konzerne die sozialen und politischen Resultate zu stark dominieren, führt dies zu einer ungleichen und ungerechten Verteilung von Chancen und Nutzen der Globalisierung. Dann konzentrieren sich Macht und Reichtum auf eine ausgesuchte Gruppe von Menschen, Staaten und Konzernen, während andere bedeutungslos werden.

Wenn die Konzerne außer Kontrolle geraten, führt Instabilität zur Überhitzung oder zum Zusammenbruch von Volkswirtschaften, wie etwa bei der Finanzkrise in Ostasien mit ihren weltweiten Auswirkungen, nämlich einem Rückgang des globalen Bruttosozialprodukts von schätzungsweise zwei Billionen Dollar im Zeitraum 1998–2000. Wenn das Gewinnstreben der Konzerne außer Kontrolle gerät, sind auch moralische Werte bedroht – dann wird der Respekt vor Gerechtigkeit und Menschenrechten geopfert.

Die Herausforderung der Globalisierung im neuen Jahrhundert besteht nicht darin, die Expansion der globalen Märkte zu stoppen. Sie besteht darin, Regeln und Institutionen für eine kraftvollere Steuerung von Seiten der Verbraucher in den reichen Ländern zu entwickeln, auf lokaler, nationaler, regionaler und globaler Ebene, um die Vorteile des Wettbewerbs auf globalen Märkten zu erhalten, aber gleichzeitig genügend Raum für die Belange der Menschen in den ärmeren Ländern der Umwelt zu lassen.

Nur so kann sichergestellt werden, dass die Globalisierung den Menschen und nicht nur den Profiten zugute kommt. Der Kunde muß sich vom Dasein eines dumpfen Herdentieres, das von den Konzernen durch die Gänge der Kaufhäuser getrieben wird, zu einer bewusst handelnden Persönlichkeit entwickeln, die Mitmenschlichkeit und Verantwortung nicht nur durch Spenden im Rahmen von Fernsehshows realisiert.

Gewinner und Verlierer der Globalisierung

Seit den achtziger Jahren haben viele Länder die Chancen der ökonomischen und technischen Globalisierung genutzt. Zu den traditionellen Industrieländern kommen die sich industrialisierenden ostasiatischen Tigerstaaten hinzu sowie Chile, die Dominikanische Republik, Indien, Mauritius, Polen, die Türkei und viele andere, die Auslandsinvestitionen anziehen und sich den technologischen Fortschritt zu Nutze machen und die so zu Akteuren auf den globalen Märkten werden. Ihre diversifizierten, auch Fertigprodukte umfassenden Exporte erreichen ein Durchschnittswachstum von über fünf Prozent pro Jahr.

Das andere Extrem stellen die vielen Länder dar, die von den expandierenden Märkten und der modernen Technologie kaum profitieren, wie etwa Madagaskar, Niger, die Russische Förderation, Tadschikistan und Venezuela. Diese Länder werden immer stärker zur Bedeutungslosigkeit verurteilt, was eigentlich paradox ist, denn viele von ihnen sind stark »integriert«:

Der Anteil der Exporte am Bruttoinlandsprodukt erreicht in Afrika südlich der Sahara fast 30 Prozent, verglichen mit 19 Prozent bei den OECD-Ländern. Aber diese Länder sind den Unwägbarkeiten der globalen Märkte ausgesetzt, auf denen die Preise für Rohstoffe durch das Diktat der Konzerne das niedrigste Niveau seit 150 Jahren erreicht haben. Sie haben kaum ein Exportwachstum vorzuweisen und konnten praktisch keine Auslandsinvestitionen anziehen. Das Fazit lautet, dass die globalen Chancen heute ungleich verteilt sind, zwischen Ländern ebenso wie zwischen Menschen.

Manche haben eine Annäherung dieser beiden Extreme vorhergesagt. Aber das vergangene Jahrzehnt hat eher eine noch stärkere Konzentration von Einkommen, Ressourcen und Wohlstand auf bestimmte Personen, Konzerne und Länder gezeigt:

Auf die OECD-Länder mit 19 Prozent der globalen Bevölkerung entfallen 71 Prozent des globalen Handels mit Gütern und Dienstleistungen, 58 Prozent der direkten Auslandsinvestitionen und 91 Prozent aller Internet-Nutzer.

Multilaterale Abkommen haben dazu beigetragen, globale Märkte zu schaffen, ohne dabei die Auswirkungen auf die menschliche Entwicklung und Armut mit zu berücksichtigen.

Vor fast 30 Jahren leitete die Pearson-Kommission ihren Bericht mit dem Eingeständnis ein, dass »die immer größer werdende Kluft zwischen den Industrie- und den Entwicklungsländern zum zentralen Problem unserer Zeit geworden ist«. In den vergangenen drei Jahrzehnten jedoch hat sich die Kluft zwischen dem Einkommen des reichsten und des ärmsten Fünftels der Weltbevölkerung mehr als verdoppelt und liegt inzwischen bei 74 zu 1.

Gefährliche Ausgrenzung in globaler Dimension

Dieses Ungleichgewicht ist dabei, die Welt aus den Angeln zu heben. Was man in Deutschland vonseiten der Konzerne an Kundenfeindlichkeit, Ignoranz und Manipulationen des Marktes erlebt, ist nur ein schwacher Abglanz dessen, was in globaler Dimension passiert. Werden in Deutschland bestimmte Personen als Kunden ausgegrenzt – was besonders häufig bei Banken und Finanzdienstleistern passiert –, weil man ihnen keine EC-Karte, keine Kreditkarte und kein Darlehen geben will, meist weil diese Menschen wegen früherer Probleme stigmatisiert und daher als Kunden unerwünscht sind, so passiert die Ausgrenzung im globalen Maßstab dergestalt, dass gleich Hunderttausenden oder gar Millionen von Menschen bestimmte Produkte verweigert werden. Meist geht es dabei sogar noch um lebenswichtige Dinge wie Wasser, Strom, Telekommunikation oder Arzneimittel.

Wenn in Deutschland der Kunde im Rahmen des »Service« belogen, betrogen und für dumm verkauft wird, indem man ihm einfach erklärt, dass bestimmte Waren nicht mehr erhältlich seien (»... hab'n wir nicht mehr, gibts nicht mehr ...«), bloß weil der Verkäufer zu bequem ist, sich die Mühe zu machen, in einem Katalog nachzuschauen. Oder wenn man die Kunden bei sehr teuren so genannten »Servicenummern« minutenlang mit Musik volldudelt, um ihnen das Geld aus der Tasche zu ziehen, dann ist das auch nur fast eine Nebensächlichkeit im Vergleich zu den Betrügereien, die an der Bevölkerung von Entwicklungsländern ausgeübt werden. Der erzählt man, dass man Geld ins Land bringt, und plündert sie stattdessen aus, man preist ihr großes Wissen in der Naturmedizin und versperrt ihr anschließend mit Patenten den Zugang dazu. Man liefert ihr Strom, aber nur um einen Coca-Cola-Kühlautomaten zu betreiben.

Das Beziehungsdreieck Hersteller-Handel-Kunde ist heute völlig aus dem Gleichgewicht geraten und nur noch eine Fiktion. Es existiert weder im nationalen noch erst recht im globalen Maßstab. Es gibt nur noch die Konzerne als Könige. Sie sind die absoluten Herrscher in einer völlig ökonomisierten Welt. Der König Kunde wurde schon vor etlichen Jahren umgebracht. Aber wie in dem Film »Psycho«, wo die Mumie der Mutter immer noch als Schatten am Fenster von Bates' Haus zu sehen ist, während der mörderische Sohn seine Hotelgäste niedermetzelt, so sitzt auch die Mumie des König Kunden in einem alten Einkaufswagen und wird durch die Warenhäuser spazierengefahren, um Lebendigkeit vorzutäuschen.

Die zwei Gesichter des Konsums

Im Verlauf des 20. Jahrhunderts hat sich der weltweite Konsum in rasendem Tempo ausgeweitet. 1998 erreichten die privaten und öffentlichen Konsumausgaben 24 000 (vierundzwanzigtausend) Milliarden Dollar. Damit sind sie doppelt so hoch wie 1975 und sechsmal so hoch wie 1950. Im Jahr 1900 lagen die realen Konsumausgaben noch bei knapp 1,5 Milliarden Dollar.

Dieser Konsumzuwachs wirkte sich einerseits für breite Schichten durchaus positiv aus. Heute sind mehr Menschen besser ernährt und besser untergebracht als jemals zuvor. Etliche hundert Millionen konnten ihren Lebensstandard erhöhen, sie verfügen über Wohnungen mit heißem und kaltem Wasser, Heizung und Strom, über Beförderungsmittel für den Weg zur Arbeit, und sie haben Zeit für Muße und Sport, Ferien und andere Aktivitäten in einem Ausmaß, das zu Beginn dieses Jahrhunderts kein Mensch in keinem Land dieser Welt erwartet hätte.

Konsum ist also ein wichtiges Mittel zur Verwirklichung der menschlichen Entwicklung, aber es besteht kein automatischer Zusammenhang zwischen beiden. Denn der Konsum hat auch seine Kehrseite. Er trägt nur dann zur menschlichen Entwicklung bei, wenn er die Fähigkeiten und Chancen der Menschen erweitert und ihr Leben bereichert, ohne das Wohlergehen anderer zu beeinträchtigen. Und genau dort liegt der Haken. Konsum wirkt sich langfristig und auf breiter Ebene nur dann positiv aus, wenn er nicht nur den jetzigen Generationen, sondern auch den künftigen eine faire Chance gibt und wenn er nicht nur Einzelpersonen, privilegierten Gruppierungen oder einzelnen Regionen nützt, sondern allen Menschen.

Bestehende Probleme werden verschärft

Leider ist es so, dass sich die meisten Muster und Trends von Konsum negativ auf die menschliche Entwicklung auswirken. Der heutige Konsum bedroht den Bestand an Umweltressourcen und er verschärft die Ungleichheiten, statt sie zu verringern. Die vom Konsum erzeugte Spirale aus Armut, Ungleichheit und Umweltschäden dreht sich immer schneller. Wenn diese Trends unverändert anhalten, dann werden sich die Probleme, die aus dem Konsum der reichen Länder entstehen, für alle Menschen noch weiter verschärfen.

Grundsätzlich betrachtet ist der Konsum von Gütern und Waren der Motor für alle kulturellen und wirtschaftlichen Entwicklungen gewesen und ist es noch heute. Reichhaltiger Konsum ist kein Verbrechen, und es gibt auch keine internationale Organisation, die das anders sieht, allenfalls ein paar politische Sektierer.

Dass der Konsum prinzipiell als Antriebskraft für den menschlichen Fortschritt funktioniert, wird allgemein akzeptiert. Es geht also nicht um den Konsum selbst, sondern um seine Muster und Auswirkungen. Das Verhalten derer, die konsumieren können, muss zugunsten derer, die es nicht können, verändert werden, um die menschliche Entwicklung von morgen voranzubringen.

Konsumentscheidungen müssen für alle Menschen

zu einer realistischen Möglichkeit werden. Die Bestimmungsfaktoren der menschlichen Entwicklung müssen auch auf die Erweiterung und Verbesserung der Konsumoptionen ausgedehnt werden und zwar so, dass sie sich auf das menschliche Leben positiv auswirken.

Das Konsumwachstum des 20. Jahrhunderts war stärker und weiter reichend als je zuvor, aber es war so viel schlechter verteilt als in den Jahrhunderten zuvor, dass es zu erschreckenden Rückständen und nicht hinzunehmenden Ungleichheiten führte.

In den Industrieländern stieg der Pro-Kopf-Konsum während der vergangenen 25 Jahre stetig um rund 2,3 Prozent jährlich an. Ostasien erzielte eine spektakuläre Wachstumsrate von 6,1 Prozent und auch Südasien verzeichnete eine Steigerung von 2,0 Prozent. Dennoch haben diese Entwicklungsregionen bei weitem noch nicht mit den Industrieländern gleichgezogen. In anderen Regionen der Welt war das Konsumwachstum wesentlich langsamer, es stagnierte oder war sogar rückläufig. Ein afrikanischer Durchschnittshaushalt konsumiert heute 20 Prozent weniger als noch vor 25 Jahren.

Man sollte sich diese Situation einmal für Deutschland vorstellen. 1975 begann die erste Nachkriegsgeneration gerade die Früchte des von den Eltern erarbeiteten Wirtschaftswunders zu ernten. Seither wurden der Konsum und das Anspruchsdenken kontinuierlich weiter gesteigert. Unterhaltungselektronik, Urlaubsreisen, Autos, alle Arten von Haushaltsgeräten, alles wurde in guter Qualität ein selbstverständlicher Teil des alltäglichen Lebens.

Und nun stellen Sie sich vor, der Lebensstandard wäre seither nicht gestiegen, sondern um zwanzig Prozent gesunken. Es gäbe keine Handys, selbst das normale Telefon wäre nur in privilegierten Haushalten zu finden, Fernseher hätten nur wenige, auch Kühlschränke würden nur bei Besserverdienenden stehen. Der Jahresurlaub wäre nicht länger geworden, sondern auf zwölf Tage pro Jahr gekürzt. Innerdeutschen Flugverkehr gäbe es kaum und internationale Linienflüge wären für den Durchschnittsverdiener kaum erschwinglich. Statt des Autos wäre das Fahrrad das landesübliche Verkehrsmittel. Computer fände man nur in einigen großen Firmen.

Stellen Sie sich vor, Sie wären heute wieder im Deutschland der frühen fünfziger Jahre, nachdem Sie bereits den Aufschwung erlebt hätten. Und stellen Sie sich außerdem vor, in anderen Ländern um Deutschland herum wäre es überall besser geworden. Vielleicht bekommen Sie dann eine leichte Ahnung davon, wie sich Afrikaner heute fühlen.

Der wachsende Zwang zum demonstrativen Konsum in den hoch entwickelten Ländern hat verheerende Wirkungen auf die anderen, weil er Ausgrenzung, Armut und Ungleichheit nicht nur verstärkt, sondern sie auch noch schmerzhaft miterleben lässt.

Der durch Status- und Konkurrenzdenken beherrschte Konsum übt einen hohen Druck auf alle anderen Menschen aus, so dass der Überfluss der einen zur sozialen Ausgrenzung der anderen führt. Das gilt nicht nur zwischen armen und reichen Ländern, sondern auch innerhalb von Staaten. Wo in einer Gesellschaft der Konsumstandard immer höher getrieben wird und die Menschen immer mehr ausgeben, um ihren Reichtum in der Öffentlichkeit demonstrativ zur Schau zu stellen, da verschärft der ungleiche Konsum die Armut und die soziale Ausgrenzung.

Alte Konsummuster führen zu steigender Verschuldung

Die sich heute im Zusammenhang mit dem Konsum abzeichnenden Trends sind keineswegs positiv:

Bei Untersuchungen amerikanischer Haushalte wurde festgestellt, dass das zur Erfüllung aller Konsumwünsche benötigte Einkommen sich zwischen 1986 und 1994 verdoppelt hat.

Die Definition der »notwendigen« Dinge hat sich in den reichen Ländern verändert und die Trennlinien zwischen unbedingt Nötigem und Luxus haben sich verwischt. Was der Mensch »wirklich« braucht, um anständig zu leben, wird immer weniger vom Verstand und vom Einzelnen entschieden. Leider ist es auch so, dass sich die Menschen in den weniger entwickelten Ländern dieses Verhalten zum Vorbild nehmen.

In den Achtzigerjahren gab es in Brasilien, Chile, Malaysia, Mexiko und Südafrika zwei- bis dreimal so viele Autos wie 30 Jahre zuvor in Deutschland, Frankreich und Österreich, als dort das gleiche Einkommensniveau herrschte. Das bedeutet, dass die Menschen das wenige Geld, das sie haben, anders ausgeben, aber auch, dass sich der Lebensrhythmus und das Tempo verändert haben.

Die Verschuldung der Haushalte, vor allem durch Konsumkredite, nimmt ständig zu, während die Sparraten in vielen Industrie- und Entwicklungsländern zurückgehen. In den Vereinigten Staaten sparen die Haushalte heute nur 3,5 Prozent ihres Einkommens, halb soviel wie vor 15 Jahren. In Brasilien belaufen sich die Schulden von Verbrauchern auf über sechs Milliarden Dollar und der Hauptanteil entfällt auf die Haushalte mit geringem Einkommen.

Man muss sich also die Frage stellen, wie sich all diese Trends auf das Wertesystem und die Regeln einer Gesellschaft und auf das menschliche Leben insgesamt auswirken. Führen sie zu einer Verschärfung der Armut, weil die Haushalte in ihrem Wetteifer um immer höhere Konsumstandards die notwendigen Ausgaben für Ernährung, Bildung und Gesundheit zurückstellen oder nicht? Veranlassen solche Konsummuster die Menschen dazu, längere Arbeitszeiten auf sich zu nehmen, unter schlechteren Bedingungen zu arbeiten, Kinderarbeit und Prostitution zu fördern, so dass sie an Körper und Geist Schaden nehmen? Und wird dieser Trend des Wetteiferns bei Konsumausgaben und um höhere Standards durch die Globalisierung beschleunigt?

Verbraucherschutz vor neuen Herausforderungen

Die Globalisierung vereinheitlicht mit ihrer Werbung und mit ihren Marken die Konsumgütermärkte auf der ganzen Welt. Für einige eröffnet das neue Chancen. Für andere schafft die Globalisierung jedoch neue Ungleichheiten und stellt damit den Verbraucherschutz vor neue Herausforderungen.

Globalisierung bedeutet eben nicht nur die Integration von Handel, Investitionen und Finanzmärkten, sondern auch die Integration der Konsumgütermärkte. Dies hat ökonomische wie soziale Effekte. Die ökonomische Integration beschleunigt durch einen ständigen Zufluss neuer Produkte das Wachstum der Konsumgütermärkte. Um den Absatz von Konsumgütern ist weltweit ein gnadenloser Wettbewerb ausgebrochen, in dem die Werbung eine immer größere Rolle spielt.

Zu den sozialen Effekten gehört der Wegfall lokaler und nationaler Schranken für soziale Normen und Konsumwünsche. Die Marktforschung definiert »globale Eliten« und »globale Mittelklassen«, die der gleiche Konsumstil und die Präferenz für »globale Marken« verbinden. Es gibt die »globalen Teens«, rund 270 Millionen 15- bis 18-Jährige in 40 Ländern, die ganz in einer einheitlichen globalen Welt der Popkultur leben, sich die gleichen Videos und Musikstücke »reinziehen« und einen riesigen Markt für Designer-Turnschuhe, -T-Shirts und -Jeans sowie für die Unterhaltungsindustrie und elektronische Geräte bilden.

Die armen Länder müssen ihr Konsumwachstum einerseits sicher beschleunigen, aber sie dürfen dabei nicht den Weg gehen, den die reichen, schnell wachsenden Volkswirtschaften im zurückliegenden halben Jahrhundert gegangen sind.

Das Konsumniveau von über einer Milliarde Menschen ist so niedrig, dass diese nicht einmal ihre Grundbedürfnisse decken können. Die Zuwachsraten haben sich immer wieder verlangsamt und sind ins Stocken geraten. In 70 Ländern mit fast einer Milliarde Menschen ist das Konsumniveau heute niedriger als vor 25 Jahren. Ohne beschleunigtes Wirtschaftswachstum ist eine Anhebung nicht möglich, aber viele arme Menschen und arme Länder haben keine Aussicht auf ein solches Wachstum.

Obwohl in Asien teilweise spektakuläre Einkommenszuwächse erzielt wurden, erreichten zwischen 1995 und 1997 weltweit nur 21 Entwicklungsländer eine Steigerungsrate des Pro-Kopf-Bruttoinlandsprodukts von mindestens drei Prozent, was die Voraussetzung zur Überwindung der Armut ist.

Es wird auf den internationalen Umweltkonferenzen seltsamerweise von den reichen Ländern immer wieder vorgeschlagen, dass gerade die Entwicklungsländer ihren Konsum einschränken sollten, um die Umweltschäden zu verringern. Aber das würde das heute schon hohe Ausmaß der Armut auch für künftige Generationen fortbestehen lassen, während in den reichen Ländern weiter geprasst wird.

Die Entwicklung neuer Konsummuster ist notwendig

Eigentlich sind es die Überflussgesellschaften der Industrieländer, die vor grundsätzlichen Entscheidungen stehen sollten. Sie könnten die Konsumtrends der vergangenen zehn Jahre weiterführen oder aber, was sicher besser und intelligenter wäre, sie könnten neue Konsummuster entwickeln, die auf das Allgemeinwohl und die Umwelt Rücksicht nehmen. Die Fortschreibung der bisherigen Trends würde bedeuten, dass sich der Konsum der Industrieländer im nächsten halben Jahrhundert um das Vier- bis Fünffache erhöht.

Ich plädiere für eine Verlangsamung des Wachstums und ein Zurückfahren des Konsums. Aber im Grunde ist nicht das Konsumwachstum an sich ausschlaggebend, sondern seine Auswirkungen auf Mensch, Umwelt und Gesellschaft sind es. Wenn die Gesellschaften sich für Technologien entscheiden, die die negativen Umweltwirkungen von Konsum verringern, wenn weniger materielle Güter und mehr Dienstleistungen konsumiert werden, dann kann das

Wachstum die Bemühungen um Nachhaltigkeit fördern, anstatt sie zu behindern.

Die strategischen Entscheidungen der reichen Länder als weltweit dominierende Konsumenten spielen
bei der Gestaltung der Zukunft der gesamten Welt eine herausragende Rolle. Dies setzt ganz eindeutig
voraus, dass sich die gesellschaftlichen Werte in den
Industrieländern zumindest in einigen Aspekten
ganz wesentlich wandeln müssen. Von wem jedoch
wird dieser Wertewandel angestoßen und getragen?

Der durchschnittliche Verbraucher wünscht ganz
schlicht und einfach nur mehr Konsum zu niedrige-
ren Preisen. Alles andere ist ihm im Prinzip egal.
Wenn man ihn permanent daran erinnert, macht er
ein wenig beim Umweltschutz mit, indem er seine lee-
ren Verpackungen in die richtige Tonne wirft, aber
sein Auto lässt er deshalb noch lange nicht stehen. Alles, was nicht nach Beeinträchtigung und Veränderung aussieht, trägt er mit, aber auch nicht mehr.

Selbst Familien mit Kindern haben, über den gesamten Durchschnitt der deutschen Bevölkerung gesehen, erstaunlich wenig Interesse an der Zukunft,
wie sie sich in zwanzig oder dreißig Jahren darstellen wird. Zukunft ist für die meisten Deutschen das
nächste halbe Jahr bis zum Urlaub, allenfalls noch
zwei Jahre bis zur Auszahlung des Bausparvertrages.
Die deutschen Verbraucher sind in einer Vielzahl von
Irrtümern gefangen, mit denen sie sich wohl fühlen,
und niemand hat ein Interesse daran, diese Irrtümer
zu korrigieren. Im Gegenteil, Handel und Industrie
verstärken das Verhalten, weil sie daran verdienen.

Die großen Konzerne wollen am liebsten wachsen,
ohne sich grundlegend zu verändern. Da ist es am einfachsten, wenn man den Verbraucher nicht aufklärt,

sondern wenn man ihn weiterhin in die gewohnten und beliebten Fallen tappen lässt. Veränderung scheint in Deutschland das am meisten gehasste Prinzip zu sein. Das gilt auch für die Politik. Oberstes Ziel ist es, die Macht zu erringen, die Macht zu erhalten, Ruhe im Lande zu bewahren und möglichst dafür auch noch von den Wählern geliebt zu werden. Neue Ideen sind auch in der Politik der am meisten störende Faktor.

Eliten müssten Veränderungen vorantreiben

Auf wen kann man dann noch zählen? Es können nur die verschiedenen Eliten sein, die Veränderungen herbeiführen. Getragen von der eigenen Überzeugung, sind es die jungen Unternehmer, die andere Produkte anders vermarkten und damit berechtigterweise auch gute Gewinne machen.

Elite könnten auch Verbraucher sein, die Vorbildfunktion haben, in erster Linie weil sie selbst in den Medien tätig sind oder die Medien ständig über sie berichten. Ob Tennisspieler oder Rennfahrer, wenn einer von ihnen eine andere Form des Konsums propagieren würde, würden viele folgen. Aber vielleicht ist gerade diese Schicht der Prominenten weitaus durchschnittlicher, was ihr Verbrauchsverhalten angeht, als man glauben mag. Elite sind auch einige wenige Medien, die sich vom Mainstream absetzen wollen. Und selbst in der Politik trifft man noch hier und da eine kantige Persönlichkeit, die für Überzeugung und nicht nur für Macht eintritt.

Natürlich wäre es am besten, wenn die Mehrzahl der Verbraucher in ihrer Rolle als Kunden eine jeweils eigene Persönlichkeit entwickeln würde. Was aber zurzeit trainiert wird, sind die Verkäufer – und nicht die Käufer. Es wäre doch sehr schön, wenn es in den Volkshochschulen Kurse geben würde, die die Teilnehmer darin trainierten, erfolgreich einzukaufen, besser zu leben und dem Konsum ein neues Gesicht zu geben.

Die superreichen Herrscher der Welt und ihre kundenfeindlichen Konzerne

Ich bin fest davon überzeugt, dass die meisten Deutschen überhaupt keine Vorstellung davon haben, was sich hinter dem Begriff »reich sein« wirklich verbirgt. Deutschland ist eine Neidgesellschaft, und wenn sich ein Nachbar einen neuen Mittelklassewagen kauft, gilt er vielen schon als reich. Anderen gilt der Besitz einer Eigentumswohnung schon als beginnender Reichtum. Und die Angehörigen bestimmter Berufsgruppen wie Ärzte, Rechtsanwälte oder selbstständige Handwerksmeister werden von Beamten, besonders Lehrern, und anderen abhängig Beschäftigten schon als reich klassifiziert, nur weil sie in der Woche mehr als fünfunddreißig Stunden arbeiten und deshalb vermeintlich überproportional viel verdienen. Was in Deutschland fehlt, ist die konkrete Vorstellung darüber, was Reichtum wirklich ist und welche Konsequenzen er für die globale Gesellschaft hat.

Nur die Reichen werden immer reicher

Wenn man Reichsein mit einem Vermögen von mindestens einer Million US-Dollar definiert, gibt es nach jüngsten Schätzungen weltweit rund sechs Millionen Reiche, davon sind 58 Prozent Amerikaner oder Westeuropäer. 1998 haben diese Reichen laut einer Untersuchung der Investmentbank Merrill Lynch und der

Unternehmensberatung Cap Gemini Consulting ihr Vermögen insgesamt um zwölf Prozent auf 21,6 Billionen (tausend Milliarden) Dollar steigern können. Ihnen haben also weder das abgeschwächte Wirtschaftswachstum in Asien noch die Wirtschaftskrisen in Russland und Brasilien geschadet.

Es wird geschätzt, dass bis Ende des Jahres 2003, also innerhalb von fünf Jahren, dieses Vermögen um weitere 50 Prozent auf 32,7 Billionen Dollar zunimmt. Das wäre ein jährliches Wachstum von neun Prozent. Für das Geld auf einem deutschen Sparbuch erhalten die Kleinsparer gerade einmal 2,5 Prozent pro Jahr und auch die Gewerkschaften verhandeln um Lohnerhöhungen im Zwei-Prozent-Bereich. Wer arbeitet und spart, kann also ganz bestimmt nicht reich werden.

Doch sehen wir uns einmal die wirklich Reichen an. Noch vor ein paar Jahren fanden es die meisten Deutschen toll, Millionär zu werden. Per Lottoglück, worauf sich heute noch die Mehrheit des deutschen Volkes verlässt, durch die Umwidmung von kargem Ackerland in Baugrundstücke, wovon hauptsächlich die Landbevölkerung profitiert, oder durch die Befolgung der Rezepte von Geldgurus, die durch die Welt tingeln, Sparsamkeit und vegetarisches Essen predigen und die Kreditkarte verdammen. Das alles hat natürlich mit wirklichem Reichtum ganz und gar nichts zu tun.

Die 225 reichsten Personen der Welt verfügen über ein Gesamtvermögen von mehr als einer Billion (tausend Milliarden) US-Dollar, hat das Forbes Magazine errechnet. Dies entspricht dem jährlichen Einkommen der 2,5 Milliarden Menschen, die immerhin 47 Prozent, also fast die Hälfte der Weltbevölkerung ausmachen und zu den Armen und Ärmsten zählen.

Absoluter Reichtum bedeutet auch absolute Macht

Das unfassbare Ausmaß des Wohlstands der Ultra-Reichen steht in einem bestürzenden Verhältnis zu den niedrigen Einkommen in den Entwicklungsländern. So übersteigt das Vermögen der drei reichsten Milliardäre schon das Gesamt-Bruttoinlandsprodukt der 48 am wenigsten entwickelten Länder. Man muss sich vorstellen, da schuften die Menschen in 48 Ländern ein ganzes Jahr lang und sind gemeinsam nicht in der Lage, mit Arbeit so viel zu verdienen und an Werten zu schaffen, wie drei andere Menschen allein besitzen.

Das Vermögen der 15 reichsten Personen übersteigt das Gesamt-Bruttoinlandsprodukt von Afrika südlich der Sahara. Das Vermögen der 32 reichsten Personen ist höher als das Gesamt-Bruttoinlandsprodukt von ganz Südasien. Und das Vermögen der 84 reichsten Personen übersteigt das Bruttoinlandsprodukt von China, dem bevölkerungsreichsten Land der Erde mit 1,2 Milliarden Einwohnern.

Man muss sich jetzt natürlich fragen, welche Vorstellung diese 225 Menschen von der Welt haben, welche Themen oder noch genauer welche Entscheidungen und welche politischen und wirtschaftlichen Verhältnisse für sie interessant sind, wie sie ihren eigenen Wert einschätzen und den Wert der restlichen Menschen. Wofür setzen sie ihr Geld ein, welche Ziele verfolgen sie und auf welche Weise? Über welche Konzerne üben sie ihre Macht aus, und welche Bedeutung hat der globale Kunde für diese Konzerne? Eines tun sie jedenfalls nicht in dem Maße, wie sie es recht bequem tun könnten: die Not anderer Menschen lindern helfen.

40

Den Armen nehmen bringt mehr,
als den Armen geben

Um für alle Menschen auf der Welt elementare Bildung, Gesundheitsversorgung, reproduktive Gesundheit, ausreichende Ernährung, sauberes Wasser und Sanitäreinrichtungen auf Dauer bereitzustellen, wären nach Schätzungen der Vereinten Nationen rund 40 Milliarden Dollar pro Jahr erforderlich. Dies sind weniger als vier Prozent des Gesamtvermögens der 225 reichsten Personen der Welt. Sie könnten es bequem aus ihren Zinseinnahmen oder aus der Portokasse zahlen.

Wer glaubt, dass diese Ultra-Reichen nur in den reichen Industrienationen zu finden sind, der irrt sich. In den Entwicklungsländern gibt es immerhin 78 Ultra-Reiche, die ein Vermögen von insgesamt 370 Milliarden Dollar haben, in den Industrieländern allerdings 147 mit zusammen 645 Milliarden Dollar Vermögen. Wenn man bedenkt, dass auch die Einkommen dieser Ultra-Reichen mit in das jeweilige Bruttoinlandsprodukt einbezogen werden, kann man erkennen, dass die Armen in den armen Ländern noch weniger Geld zur Verfügung haben, als die Statistiken vermuten lassen.

Zwei der 225 reichsten Personen der Welt leben in Afrika, beide in Südafrika mit seinen unerschöpflichen Diamantminen und Kunden in aller Welt. Sie haben zusammen ein Vermögen von 3,7 Milliarden Dollar. In Osteuropa und den GUS-Ländern findet man vier der Reichsten mit zusammen acht Milliarden Dollar Vermögen. In Lateinamerika und der Karibik sind 22 Ultra-Reiche mit insgesamt 55 Milliarden Dollar zu finden. Die meisten der Ultra-Reichen, nämlich 60 von den 225, sind Amerikaner, auf Platz zwei folgen die Deutschen mit 21 und nur 14 der Reichsten sind Japaner.

Der reichste Mann der Welt startete als »High-Tech-Bubi«

Der reichste Mensch der Welt ist nach der neuesten *Forbes*-Liste – wie schon in den Vorjahren – der Microsoft-Chef Bill Gates. Sein Privatvermögen wird auf rund 90 Milliarden Dollar geschätzt gegenüber 51 Milliarden Dollar vor Jahresfrist. Im April 1999, als die Microsoft-Aktien einen neuen Höchststand erreichten, überschritt das Vermögen sogar die Marke von 100 Milliarden Dollar. Der größte Teil von Bill Gates' Vermögens besteht aus Aktien von Microsoft. Ihm gehören allerdings nur noch 18,5 Prozent der Anteile im Wert von etwa 76,5 Milliarden Dollar, den Rest hat er bereits verscherbelt, um mit den daraus erzielten Einnahmen noch lukrativere Geschäfte zu machen.

11,5 Milliarden Dollar hat Gates über seine persönliche Finanzverwaltungsgesellschaft Bill Gates Investments (BGI) an der Wall Street investiert (*Wirtschaftswoche* 11/1999). 6,5 Milliarden Dollar davon hat er in zwei Stiftungen eingebracht, die Gates Learning Foundation und die William H. Gates Foundation. Diese Stiftungen dienen dem Gemeinwohl, ein positiver Zug von Gates, der leider nur unter den Superreichen Amerikas üblich ist.

Die restlichen 5,0 Milliarden Dollar sind das persönliche Portfolio von Bill Gates. Es ist zu 70 Prozent oder mit einer Summe von 3,5 Milliarden Dollar in relativ risikolosen kurzfristigen US-Staats- und Firmenanleihen angelegt und nur zu zehn Prozent in Aktien. Fünf Prozent hat Gates in Immobilien und Rohstoffkontrakte investiert und die restlichen rund 15 Prozent oder 750 Millionen Dollar bestehen aus Direktbeteiligungen an zukunftsträchtigen Unternehmen – und schließlich aus Bargeld.

Bill Gates verfolgt eine extrem konservative Anlagestrategie und will sein Vermögen breiter streuen. Derzeit sind noch 87 Prozent seines Vermögens in Microsoft-Aktien angelegt. Um das Risiko zu mindern, will er im Laufe der kommenden Jahre einen Großteil seiner rund 460 Millionen Aktien an der Börse verkaufen und den Erlös in anderen Papieren anlegen. Dadurch wird seine Macht, nicht nur den weltweiten Ver- und Betrieb von Personalcomputern zu kontrollieren, sondern auch noch andere wichtige Wirtschaftsbereiche, noch größer.

Der zweitreichste Mensch der Welt, der Investor Warren Buffett, folgt Gates mit beträchtlichem Abstand, er hat »nur« ein Vermögen von 36 Milliarden Dollar. Platz drei belegt Paul Allen (30 Milliarden Dollar), der Microsoft zusammen mit Gates gegründet hat, inzwischen aber aus dem Unternehmen ausgeschieden ist. Auf Platz vier liegt der derzeitige Microsoft-Präsident Steve Ballmer mit einem Vermögen von 19,5 Milliarden Dollar. Drei der vier reichsten Menschen der Welt haben also ihr Vermögen im Microsoft-Konzern gemacht. Wie hat der Konzern seine Kunden dazu gebracht, Produkte zu kaufen, die so unglaublich hohe Gewinne abwerfen?

Computer-Programme: Besser als die Lizenz, Geld zu drucken

Bill Gates und Paul Allen, die sich an der Harvard-Universität kennen gelernt haben, gründeten im Jahre 1975 das Unternehmen Microsoft. Zunächst entwickelten sie vor allem Computerprogramme für den ersten damals verfügbaren Microcomputer, den Altair. Der märchenhafte Aufstieg von Microsoft begann, als IBM im Jahre 1980 den Auftrag für die Erstellung eines IBM-Betriebssystems erteilte. Gates kaufte von einem unbekannten Programmierer für 50 000 Dollar ein Betriebssystem, das er dann unter dem Namen MS-DOS an IBM weiterverkaufte.

Es war also keineswegs die »Genialität« von Bill Gates, die die Grundlage seines Reichtums bildete, sondern seine Geschäftstüchtigkeit; denn Gates behielt die Rechte an dem Betriebssystem, so dass er es danach auch an die Wettbewerber von IBM verkaufen und damit richtig Geld machen konnte. Diese Regelung in dem Abkommen mit IBM legte den Grundstein für den Erfolg von Microsoft.

Was aus dem unbekannten Programmierer wurde, weiß man nicht. Zu den reichsten Männern der Welt gehört er nicht, und so geht es vielen genialen Erfindern. Jedenfalls hat die gut geschmierte PR-Maschine von Microsoft bei den meisten Menschen den Eindruck erweckt, Gates habe das Programm selbst in der elterlichen Garage ausgeknobelt.

Aufgrund der rasch steigenden Nachfrage nach PC-Betriebssystemen wuchs das Unternehmen sehr schnell. 1986 ging Bill Gates mit Microsoft an die Börse und wurde zunächst zum Millionär. 1987 hatte er noch einen Anteil von 45 Prozent an Microsoft, der damals bereits etwa eine Milliarde Dollar wert war. In den darauf folgenden Jahren entwickelte Microsoft »Windows«, grafisch gestaltete Benutzeroberflächen für die Programme. Die 1990 auf den Markt gebrachte Version 3.0 war besonders erfolgreich und bald beherrschte Microsoft mit Windows fast vollständig den Markt.

Microsoft will Marktmacht mit allen Mitteln

Von 1991 bis 1996 bauten Gates und seine Manager den Konzern und seine marktbeherrschende Stellung konsequent aus. Insider nennen die Manager von Bill Gates »Barbarians«, was man sowohl mit Barbaren als auch mit Rohlingen und Unmenschen übersetzen kann. Sie waren klug und gerissen, und besonders waren sie eines: nicht gerade zimperlich. Konkurrenten wurden entweder geschluckt oder zu »strategischen Allianzen« gezwungen. Dass das US-Justizministerium öfter einmal Kartellverfahren gegen ihn einleitete, störte Gates nicht, sie endeten schließlich immer wieder mit Vergleichen.

Im Jahre 1997 sorgte Bill Gates für Aufsehen, als Microsoft für 150 Millionen Dollar Anteile des bisherigen Erzrivalen Macintosh übernahm. Dazu muss man wissen, dass bei den Kunden eine erbitterte Rivalität zwischen den Benutzern der PCs mit den Programmen von Microsoft und den Benutzern des »Macs« herrscht. Beide Gruppen glauben sich im Besitz des überlegeneren Systems und machen eine Weltanschauung daraus, welche Computer sie benutzen. Inzwischen ist es mit den erneuten Erfolgen des Macintosh und dem großen Jubel seiner Anhänger völlig in Vergessenheit geraten, dass sie im Prinzip alle von demselben Konzern beherrscht werden.

Gates hat seine Marktherrschaft mit allen Mitteln und ohne Rücksicht auf andere auf- und ausgebaut. So hat er zum Beispiel Computerherstellern Verträge abgerungen, die den Wettbewerb faktisch ausschalteten. In diesen Abkommen wurde festgelegt, dass die Computerhersteller, die ihre Geräte mit Microsoft-Programmen ausstatten wollten, keine Programme von anderen Herstellern kaufen durften.

Killerinstinkte machen reich

Kritiker von Gates behaupten, die Geschäftspraktiken von Microsoft hätten nicht viel mit Strategie zu tun, wohl aber sehr viel mit dem Gespür, im richtigen Moment der Konkurrenz den Garaus zu machen. Er habe zahlreiche Firmen in den Ruin getrieben sowie Anwender mit dem Ziel getäuscht und hingehalten, immer noch mehr Geld zu verdienen und die Informationstechnologiebranche unter Kontrolle zu bekommen. So habe Gates es stets verstanden, Vorabkenntnisse über Mängel der Microsoft-Produkte geschickt unter den Teppich zu kehren.

Immer wieder fühlten sich Kunden getäuscht, weil die angekündigten Auslieferungstermine für neue Produkte nicht eingehalten, sondern ständig verschoben wurden. Und wenn die neuen Programme schließlich auf den Markt kamen, hielten sie nach Meinung vieler nicht das ein, was versprochen worden war. Es heißt, über die Hälfte aller Manager in der Computerindustrie hätten kein Vertrauen in die Ankündigungen der Gates-Company.

Gates hat sein Ziel fast erreicht, das er so formuliert hatte: Immer, wenn jemand auf der Welt einen Computer anschaltet oder Daten überträgt, kassiert Microsoft mit. Heute laufen vier von fünf PCs mit einem Microsoft-Betriebssystem. Microsoft-Produkte setzen die industriellen Standards, an die sich alle Mitbewerber halten müssen, um die Kompatibilität der Computer sicherzustellen.

Bill Gates ist meines Wissens nach der Erste gewesen, der mit einem Wissensprodukt reich geworden ist. Er hatte sich einen Wissensvorsprung gekauft, den er meistbietend an seine Kunden weitergegeben hat. Gleichzeitig hat er ihn dazu benutzt, ein ungeheures Machtimperium aufzubauen. Der Endkunde, das heißt der Computerbenutzer, ist dabei völlig vereinnahmt worden. Er hat keine Wahlmöglichkeit mehr, er muss einfach mit Microsoft-Produkten arbeiten und auch immer regelmäßig die neuesten Programme kaufen, um auf dem Laufenden zu bleiben.

Auch Software aus Deutschland beherrscht die Welt

Vier Personen aus dem erfolgreichsten deutschen Softwarekonzern, SAP, stehen auch auf den vorderen Plätzen der Milliardärsliste: Dietmar Hopp mit einem Vermögen von 5,2 Milliarden Dollar, Klaus Tschira mit 5,0 Milliarden Dollar, Hasso Plattner mit 4,4 Milliarden Dollar und Hans Werner Hector mit 2,7 Milliarden Dollar.

1972 gründeten fünf ehemalige IBM-Mitarbeiter das Unternehmen. Ihre Geschäftsidee war, betriebswirtschaftliche Anwendungssoftware als Standardprodukt herzustellen und industriell zu vermarkten.

Im Jahre 1979 brachten sie das betriebswirtschaftliche Softwaresystem für Großrechner R/2 auf den Markt, 1992 das auf die Client/Server-Architektur zugeschnittene System R/3, beides mit großem Erfolg. 1994 war SAP mit 4000 Unternehmenskunden und 1,8 Milliarden DM Umsatz führender Hersteller von Standard-Anwendungssoftware. 1997 wurden mehr als sechs Milliarden Umsatz gemacht, vor allem mit dem System R/3. 1993 schlossen SAP und Microsoft einen Kooperationsvertrag.

SAP wird gern als deutsche Microsoft bezeichnet, sicherlich nicht ganz zu Unrecht. SAP ist der weltweit führende Anbieter betriebswirtschaftlicher Standardsoftware und auch Technologieführer. Die Systeme R/2 und R/3 sind international zum Standard geworden, sie werden im mehr als 90 Ländern von über 13 000 Unternehmen unterschiedlichster Größe zur Lösung ihrer betriebswirtschaftlichen Anforderungen genutzt. Über zwei Millionen Arbeitsplätze sind weltweit mit R/3 ausgestattet. Das heißt natürlich auch wieder, dass der Kunde keine Wahlmöglichkeit hat, er ist einfach auf die SAP-Systeme angewiesen. Das heißt, SAP kann die Spielregeln diktieren.

Die Habsucht anderer macht reich und mächtig

Ganz anders hat Warren Buffett, der übrigens mit Gates befreundet ist, sein Vermögen gemacht. Er hat nichts produziert, keine Werte geschaffen, sondern gezielt Aktien und Unternehmensbeteiligungen gekauft. Aus einem Startkapital von 100 Dollar baute er sein Firmenimperium Berkshire Hathaway auf. 1965 hatte eine Berkshire-Aktie noch einen Wert von 18

Dollar, heute sind es sage und schreibe über 70 000
Dollar je Aktie. Buffett ist unter anderem an Coca-Cola, Gillette und der Washington Post beteiligt. Er hat
eine spezielle Anlagestrategie entwickelt, Buffettology genannt. Und zwar geht er sehr diszipliniert und
systematisch an die Sache. Unabdingliche Voraussetzung für einen Aktienkauf ist für ihn die gründliche
Analyse des betroffenen Unternehmens.

In ihrem Buch »*Buffettology*« schreibt Mary Buffett,
die ehemalige Schwiegertochter von Warren Buffett:
»Beim Lesen dieses Buches werden Sie erkennen,
dass das Schaffen von Geschäftsperspektiven durch
Investieren mehr mit Disziplin als mit Philosophie zu
tun hat ... Kurz gesagt: Die Torheit der anderen, durch
Furcht und Habsucht verursacht, wird Ihnen, dem
Anleger, die Gelegenheit bieten, sich deren Fehler zunutze zu machen und von der Disziplin zu profitieren,
Kapital nur dann der Investition zuzuführen, wenn
es aus geschäftlicher Perspektive sinnvoll erscheint.«

Reich durch Teilhabe der Mitarbeiter

Zu den Reichsten gehört mit 16,5 Milliarden Dollar
Vermögen auch Michael Dell, der Gründer von Dell
Computer Corp.. Angefangen hat er in einem Zimmer
im Studentenwohnheim mit weniger als tausend
Dollar. Heute hat sein Unternehmen eine Marktka-
pitalisierung von weit über 100 Milliarden Dollar.
Ausschlaggebend für den Erfolg von Dell war, dass er
seine Computer von Anfang an im Direktverkauf auf
den Markt brachte. Das war damals eine Revolution
in der Branche. Konkurrenten wie Compaq und Apple
steigen erst jetzt in diese Verkaufsmethode ein.

Da es keine Zwischenhändler gab und Dell-Computer direkt an den Kunden gingen, konnten diese äußerst günstig angeboten werden. Michael Dell behauptet von sich selbst, dass Kundenorientierung zu seinen wichtigsten Managementprinzipien gehöre. Außerdem verstand er es, seine Mitarbeiter mit dem Angebot der Beteiligung an dem Unternehmen zu motivieren und an sich zu binden. Einige Angestellte, die Optionsscheine für Aktien zusätzlich zum Gehalt erhalten haben, sind inzwischen selbst schon Millionäre: Seit dem Börsengang hat sich der Kurs der Dell-Aktie um das Dreißigtausendfache erhöht.

Produkt-Klassiker bringen Marktmacht

Die Schweizer Familien Hoffmann, Oeri-Hoffmann und Sacher belegen Platz fünf der Liste der Reichsten der Welt. Sie haben ihr Vermögen von rund 17 Milliarden Dollar mit dem Roche-Konzern gemacht. Keines der Familienmitglieder ist mehr aktiv im Management tätig, aber da ihnen mehr als die Hälfte das gesamten Aktienkapitals gehört, bleibt ihre Macht gesichert.

Die Roche Holding AG kontrolliert rund 140 Gesellschaften in fast 60 Ländern und ist in den vier Bereichen Pharma, Diagnostika, Vitamine und Feinchemikalien sowie Riechstoffe und Aromen tätig. Sowohl die Vitamine als auch die Feinchemikalien (Zitronensäure, Fettsäuren, Futtermittelzusätze und -enzyme, Sonnenfilter, Emulgatoren) und die Aromen werden Getränken, Nahrungs- und Genussmitteln und Tierfutter beigemischt. In der Diagnostik ist Roche nach dem Erwerb der Corange Holding Weltmarktführer geworden.

Hans Joachim Langmann, persönlich haftender Gesellschafter der Merck KGaA, hat ebenfalls ein Vermögen in dieser Branche gemacht. Es beträgt 4,5 Milliarden Dollar. Sein Konzern verdient das Geld in den Bereichen Pharmazie, Labor und Spezialchemie für die Pharma- und Kosmetikindustrie, die Lebensmittel- und Elektronikindustrie.

Der Henkel-Familie mit der Henkel KgaA hat die Putzsucht der Menschen ein Vermögen von 5,6 Milliarden Dollar gebracht. Konrad Henkel, der bekannteste, im April 1999 verstorbene, Vertreter der Familie, saß seit 1990 zwar nicht mehr offiziell in den Gremien des Konzerns, war aber der uneingeschränkte Herrscher über das Imperium geblieben. Auch nach dem Börsengang im Jahre 1985 hielt er weiter die Zügel fest in der Hand; denn an die Börse kamen nur stimmrechtslose Vorzugsaktien.

Henkel produziert über 10 000 Produkte aus den Bereichen Wasch- und Reinigungsmittel, Kosmetik und Körperpflege, Hygiene, Klebstoffe, Oberflächentechnik sowie Chemieprodukte. Bei Wasch- und Reinigungsmitteln gehört Henkel in Europa zu den führenden Unternehmen, der Konzern ist Weltmarktführer bei der Herstellung von Fettalkoholen aus natürlichen Rohstoffen, außerdem ist er der Klebstoffhersteller mit der weltweit breitesten Produktpalette.

Für Schönheit zahlt jeder

In die vorderen Plätze reiht sich weiter die Familie der Französin Liliane Bettencourt ein mit 13,9 Milliarden Dollar Vermögen. Sie ist die Tochter des Gründers von L'Oréal, dem nach Procter & Gamble weltweit zweitgrößten Kosmetikkonzern, der außerdem in den Bereichen Pharmazeutik und Dermatologie tätig ist. L'Oréal wird zu 53,7 Prozent von der französischen Gesparal-Holding kontrolliert, an der Liliane Bettencourt 51 Prozent hält, 49 Prozent hat sie an Nestlé verkauft und damit »das dicke Geld gemacht«.

Das Geschäft mit der Schönheit gehört noch immer zu den lukrativsten. Zu den L'Oréal-Marken gehören unter anderem Helena Rubinstein, Lancôme, Guy Laroche, Giorgio Armani, Paloma Picasso und Ralph Lauren. All diese Produkte versprechen den Kunden Schönheit und Attraktivität. Schließlich glauben die Kunden, was sie täglich in der Werbung hören und sehen, und geben Unsummen für Kosmetikprodukte aus, um dem vorgegaukelten Schönheitsideal zu entsprechen. Früher haben nur Frauen Kosmetika verwendet, in den vergangenen Jahren ist die Anzahl der Männer, die tief in die Tasche greifen, um schön zu bleiben oder werden, rasant angestiegen.

Das L'Oreal-Management sieht auch für die Zukunft noch gute Wachstumspotenziale. In den großen Industrieländern will man von der Alterung der Bevölkerung profitieren und noch teurere Cremes und Fluids auf den Markt bringen. Gleichzeitig wittert der Konzernchef Lindsay Owen-Jones große Geschäftschancen in den sich entwickelnden Ländern in Asien, Mittel- und Osteuropa, Lateinamerika und später auch in Afrika.

Mit Pfenniggewinnen an die Spitze

Walton S. Robson, der Besitzer der US-Handelskette Wal-Mart Stores, hat ein Vermögen von 15,8 Milliarden Dollar. Wal-Mart ist mit einem Umsatz von 139,2 Milliarden Dollar und einem Gewinn von 4,5 Milliarden Dollar der weltweit größte Handelskonzern. Das Unternehmen expandierte in atemberaubender Geschwindigkeit. Erst in den sechziger Jahren gegründet, durchbrach der Konzern 1980 die Umsatzmarke von einer Milliarde Dollar.

Wal-Mart gilt als der Schrecken der Branche. Das Unternehmen hat in kurzer Zeit alle Konkurrenten vom Markt gefegt, zunächst in Arkansas und den Nachbarstaaten, dann in ganz Amerika. Und jetzt ist Wal-Mart in Europa auf Einkaufstour. Geld spielt dabei keine Rolle. Für rund 20 Milliarden Dollar wurde die drittgrößte englische Verbrauchermarktkette Asda gekauft, für jeweils ein paar Milliarden DM die deutschen Wertkauf und Interspar.

Das Erfolgsrezept des 1992 verstorbenen Firmengründers Sam Walton war, überall bei den Konkurrenten gute Ideen zu klauen. Von Sol Price, dem Gründer der Fed-Mart-Gruppe, stahl er unter anderem den Firmennamen und die Idee eines Clubs als eine Art Großhandel. Es durften dort nur Selbstständige einkaufen, die vorher Mitglied werden mussten, so konnte man das Risiko des Ladendiebstahls und des Kreditkartenbetrugs minimieren.

Walton soll regelmäßig durch fremde Verkaufsreviere gepirscht sein, mit gelben Blocks bewaffnet, auf denen er alle gute Ideen der Konkurrenz notierte (*Wirtschaftswoche* 37/1999). Das Ritual, dass allmorgendlich alle Mitarbeiter laut gemeinsam den Firmennamen buchstabieren, hat er aus Japan geklaut. Und als Aktionäre eine Frau im Management forderten, berief er 1986 die Frau des damaligen Gouverneurs seines Heimatstaates Arkansas, Hillary Rodham Clinton.

Die reichsten Deutschen sind die Aldi-Besitzer Theo und Karl Albrecht mit einem Vermögen von 13,6 Milliarden Dollar. Den Grundstein für das Imperium hatte deren Mutter gelegt, die in Essen einen Lebensmittelladen führte. Nach dem Krieg übernahmen die beiden Söhne das Geschäft und bauten es zügig aus. 1955 besaßen sie zahlreiche Läden im Ruhrgebiet, 1962 eröffneten sie den ersten Albrecht-Discount-Laden. 1972 gab es bereits 600 Aldi-Filialen, 1990 über 2000 und 1997 rund 3100 in Deutschland, zusätzlich einige im Ausland.

Die Aldi-Brüder sind nun in ihren Geschäftspraktiken weitaus weniger spektakulär als Wal-Mart, sie sind eher bodenständige deutsche Pfennigfuchser, die ihr besonderes Heil im günstigen Einkauf von Waren mit akzeptabler Qualität sehen, kleinem Sortiment und möglichst billiger, schmuckloser Warenpräsentation auf möglichst kleiner Fläche. Im Gegensatz zu Wal-Mart, wo ständig neue Ideen erprobt und eingesetzt werden, ist Aldi die in Regalen erstarrte Freud- und Phantasielosigkeit.

Im Jahre 1961 haben die beiden Brüder die Firma gesellschaftsrechtlich aufgeteilt, Theo Albrecht regiert das Filialnetz im Norden Deutschlands, Karl Albrecht den Süden. Eine Aktiengesellschaft, um sich Geld an der Börse zu beschaffen, haben sie nicht gegründet, alles blieb in Familienhand. Zur Aldi GmbH & Co. KG, Essen und Mülheim, gehören die Aldi Einkauf GmbH & Co. oHG (Nord) und die Aldi Einkauf GmbH & Co. oHG (Süd). Die Geschäfte werden über regionale Gesellschaften abgewickelt, deren Mehrheit bei den zwei Familienstiftungen liegt. Gesellschafter der Nordgruppe sind die Regionalgeschäftsführer mit zehn Prozent und Theo Albrecht mit 90

Prozent, im Süden entsprechend die Regionalgeschäftsführer und Karl Albrecht.

Durch die geschickte gesellschaftsrechtliche Auf-
splitterung und die regionalisierte Struktur ist das
Aldi-Imperium juristisch kein Konzern. Es gelten
demnach nicht die Konzern-Veröffentlichungspflich-
ten, also sagt man auch nichts gegenüber der Presse.
Selbst die Umsatzzahlen, im Jahre 1997 rund 34,5
Milliarden DM, sind geschätzt. Aldi gilt als der publi-
zitätsfeindlichste Konzern in Deutschland. Wer nämlich zuallerletzt erfahren soll, was verdient wird, ist
der Aldi-Kunde.

Aldi braucht auch keinen Betriebsrat einzusetzen,
der irgendwelche Forderungen stellen könnte, vielleicht hinsichtlich der Löhne der Angestellten. Laut
Wirtschaftswoche erhalten alle Angestellten der Süd-
gruppe zusammen nur 400 Millionen DM an Löhnen
und Gehältern, das wären nicht einmal 2,5 Prozent
vom Umsatz (15 Milliarden DM). So niedrig liegen die
Löhne in keiner anderen deutschen Filialkette.

Die Heimlichtuer des Handels

Ebenfalls mit Handel reich geworden sind die Hani-
els. Auf 12,4 Milliarden Dollar wird das Vermögen der
Familie Haniel geschätzt. Den 420 Familiengesell-
schaftern gehören 99 Prozent des Duisburger Haniel-
Konzerns, der in seinen Statuten ausgeschlossen hat,
dass ein Familienmitglied aktiv im Geschäft tätig ist.
In der breiten Bevölkerung ist Haniel kaum bekannt.
Wenn ja, bringt man den Namen lediglich mit der
Binnenschifffahrt in Verbindung. Doch es handelt
sich um einen der größten deutschen und internatio-

nalen Handelskonzerne, der neben der Binnenschifffahrt in den Bereichen Recycling und Bearbeitung
von Rohstoffen (ELG Haniel GmbH), Baustoffe, Phar-
ma-Großhandel (Gehe AG), Apotheken, Waschraum-
hygiene (CWS International AG), Brand- und Wasser-
schadensanierung tätig ist.

Außerdem gehört dem Haniel-Konzern ein Drittel
der Metro Holding AG, die an der Spitze des Metro-
Konzerns steht. Die beiden anderen Drittel liegen bei
dem Metro-Gründer Otto Beisheim, der ein Vermögen
von 6,8 Milliarden Dollar angesammelt hat, und bei
den Familien Reiner und Michael Schmidt-Ruthen-
beck, Spar-Großhändler aus Mülheim an der Ruhr.
Letztere gehören auch zu den reichsten Deutschen,
sie haben unter anderem mit der Metro ein Vermögen
von 6,6 Milliarden Dollar gemacht.

Die ersten Erfolge der Metro beruhten auf der Idee
der Cash & Carry-Märkte. Einzelhändler, Freibe-
rufler oder Kneipiers konnten 1964 im ersten Metro-
Cash-&-Carry-Markt in Mülheim an der Ruhr Waren
zum Wiederverkauf wie im Selbstbedienungsladen
erwerben, das heißt bezahlen und sofort mitnehmen,
was in Deutschland völlig neu war. Zudem war in dem
neuen Markt das Warenangebot breiter und größer
als im traditionellen Großhandel. Die Idee hatte Beisheim aus den USA übernommen, heißt es. Andere
Quellen sagen, er hätte das Konzept ganz einfach bei
der Großhandlung Terfloth & Snoek abgekupfert.

In den Siebzigerjahren spielte die internationale
Expansion des Metro-Großhandels die Hauptrolle. In
den Achtzigerjahren, als bereits 102 Großmärkte in 13
Ländern zum Unternehmen gehörten, begann die
Metro sich wichtige Teile des deutschen Einzelhandels
einzuverleiben, wozu auch der Kaufhof-Konzern zähl-

te. 1995 wurden die Konzerne Metro, einschließlich Kaufhof und Horten sowie den dazu gehörenden Ketten wie Vobis und Asko einschließlich Massa zusammengelegt. Der gemeinsame Umsatz lag bei 90 Milliarden DM, die Zahl der Beschäftigten bei fast 180 000.

Über viele Jahre stand der Metro-Konzern im Schussfeld der Verbraucherverbände, der Wettbewerber, der Gewerkschaften und der Kartellbehörden. Es heißt, kein Unternehmen habe die Justiz so sehr beschäftigt wie die Metro. Und es fällt schwer, sich ein Wirtschaftsvergehen vorzustellen, das die Metro nicht begangen haben soll. Dazu zählen auch so schwere Anschuldigungen wie Erpressung von Lieferanten, Betrug und Steuerhinterziehung.

Otto Beisheim war sicherlich nicht zimperlich im Umgang mit seinen Geschäftspartnern und Angestellten und sein engster Mitarbeiter Erwin Conradi auch nicht. Die Kunden waren und sind in der Metro ebenso nur eine Zahl in der Statistik wie die zu Billiglöhnen produzierten eingekauften Waren. Otto Beisheim muss viel Angst gehabt haben, denn er stand nie Rede und Antwort für sein Tun und hält sich bis heute größtenteils versteckt.

Aber wenn das Geschäft erst einmal läuft und das Bundesverdienstkreuz am Halse hängt, dann nimmt man es in der Bundesrepublik keinem Deutschen mehr übel, wenn er sich aus steuerlichen Gründen in die Schweiz abgesetzt hat. Es scheint so, als wolle Beisheim einiges wieder gutmachen, was er in seinem Leben an Schaden anrichtete; denn heute verteilt er sein Geld großzügig als Mäzen und Stifter. Ob die Händler und die mittleren und kleinen Unternehmen, die er in den Ruin getrieben hat, ihm das nun verzeihen, sei dahingestellt.

In Deutschland ist der Handel eben ein sehr lukratives Geschäft, denn auch Dieter Schwarz, Gründer der Filialkette Lidl-Schwarz, dem größten Konkurrenten von Aldi (7,1 Milliarden Dollar) der Tengelmann-Gründer Erivan Haub (5,6 Milliarden Dollar) und Michael Otto vom Otto-Versand (5,7 Milliarden Dollar) stehen auf der Liste der reichsten Deutschen.

Finanzdienstleistungen statt Grundstücksspekulation

Heute ist kein Japaner mehr unter den zehn reichsten Menschen zu finden. Früher hatten noch einige japanische Grundstücksspekulanten auf der *Forbes*-Liste die vorderen Plätze belegt, die nun fast alle von Amerikanern aus innovativen Industriebranchen erklommen wurden. Seitdem die Wirtschaft in Japan nicht mehr so floriert wie noch vor ein paar Jahren, gibt es in Japan nicht mehr die Superreichen.

Der reichste Japaner ist heute Yasuo Takei mit einem Vermögen von nur 7,8 Milliarden Dollar. Er verdient sein Geld mit Finanzdienstleistungen für Konsumenten ebenso wie Kyosuke Kinoshita, der damit ein Vermögen von 4,8 Milliarden Dollar angesammelt hat, und Kazuo Matsuda, der es auf ein Vermögen von 3,6 Milliarden Dollar bringt. An zehnter Stelle der reichsten Japaner steht Kenshin Oshima mit 3,1 Milliarden Dollar Vermögen, der sein Geld mit Finanzdienstleistungen aller Art verdient.

Es verdienen heute die japanischen Konzerne am meisten, die die schlechte Wirtschaftslage ausnutzen, und die Leute, welche in Zahlungsschwierigkeit geraten sind, einfach abzocken. Leider ist das in Japan auch nicht anders als sonst auf der Welt.

Ansonsten kommen die reichsten Japaner aus den verschiedensten Branchen. Keizo Saji hat mit dem Mischkonzern Suntory Ltd., der in Deutschland vor allem mit seinem Whiskey bekanntgeworden ist, ein Vermögen von 6,7 Milliarden Dollar gemacht und steht damit auf Platz zwei der Rangliste. Masayoshi Son hat mit Software ein Vermögen von 6,4 Milliarden Dollar angesammelt und Masatoshi Ito mit dem Einzelhandel 4,8 Milliarden Dollar. Immobiliengeschäfte brachten Yoshiaki Tsutsumi 4,8 Milliarden Dollar und Akira Mori 3,6 Milliarden Vermögen ein.

Größte Gewinne mit Produkten, die den Armen fehlen

Prinzipiell sind es also rund um den Globus immer wieder dieselben Branchen, Handel, Finanzdienstleistungen, Chemie und Pharma, Lebens- und Genussmittel sowie als Newcomer die Softwareindustrie, die große Gewinne ermöglichen und damit mächtige Konzerne hervorbringen. Diese Branchen verfügen über genau die Produkte und Dienstleistungen, die in den weniger entwickelten Ländern der Welt fehlen, Lebensmittel, Arzneimittel und Geld in Form von Krediten für die Bevölkerung. Dazu gehört auch Wissen beziehungsweise die Technologie, um sich Wissen zu erschließen und Anschluss an die Wissensgesellschaften zu bekommen.

Wenn dem Handel die Spannen in den weniger entwickelten Ländern nicht zu niedrig wären und die Arbeit zu mühsam, würden die Chancen der Menschen dort schon deutlich steigen, aber weder Wal-Mart noch Metro oder Aldi haben vor, in Südamerika,

Südostasien oder gar Afrika ein auf diese Länder zu-
geschnittenes Versorgungs- und Logistiknetz aufzu-
ziehen. Denn gerade an der Logistik mangelt es dort
mehr als zum Beispiel an Lebensmitteln. Diese sind
oft ausreichend vorhanden, nur am falschen Ort und
verderben dort, weil sie nicht verpackt und nicht
transportiert werden können.

Langfristig würde das Engagement in den weniger
entwickelten Ländern auch den großen Konzernen
Vorteile bringen, aber eben nur langfristig. Da aber
sowohl die Superreichen als auch die kleineren Aktionäre nur kurzfristig und ausschließlich in der Ka-
tegorie Gewinn denken, werden die potenziellen Kunden in weiten Teilen der Welt weiterhin ignoriert
werden.

Zum Schluss dieses Kapitals noch ein kleines Beispiel dafür, dass sich Unternehmertätigkeit in den
reichen Ländern mehr lohnt als Arbeit und dass Ver-
mögende in Deutschland privilegiert sind: Im vierten
Quartal 1998 sind die Investitionen in Deutschland
um elf Prozent gestiegen. In demselben Zeitraum
wuchsen die Löhne und Gehälter um 1,3 Prozent und
die Einkommen aus Unternehmertätigkeit und Vermögen um neun Prozent. Die Deutsche Bank zum
Beispiel hat im Jahre 1998 ihren Gewinn vor Steuern
nahezu vervierfacht und zwar von zwei Milliarden
DM auf 7,9 Milliarden.

Der Mythos vom Kundenfreund –
Wie man einen Konzern führt

Jeder, der heute über ein großes Unternehmen oder
vielleicht gar einen Konzern herrscht, hat dafür ge-
sorgt, dass über ihn möglichst viele positive Geschichten in Umlauf sind, die zwar immer gut erzählt,
aber nur bedingt wahr sein müssen. Einer der zentralen Mythen, die die Erfolgreichen immer wieder
verbreiten lassen, ist der Mythos vom Kunden- und
Menschenfreund.

Bei der Betrachtung der Lebensläufe der Reichsten
der Welt und ihrer Führungskräfte sowie der Ent-
wicklungsgeschichten ihrer Unternehmen ist mir hingegen nur selten übergroße Kunden- und Menschen-
freundlichkeit aufgefallen. Ausschlaggebend für den
Erfolg war immer Marktmacht und diese wurde gerade ohne Rücksicht auf die Kunden, Mitarbeiter, Lieferanten oder andere Menschen durchgesetzt. Speziell
im Handel ging es neben der Marktmacht nur darum,
eine möglichst hohe Gewinnspanne zu erzielen ohne
Rücksicht darauf, wo und wie die verkauften Produkte hergestellt worden sind oder ob die Mitarbeiter
angemessen entlohnt wurden.

Die meisten von den Reichen oder zumindest Erfolgreichen selbst erzählten Geschichten sind offensichtlich nicht wahr, deshalb haben sie für Nacheife-
rer auch keinen Wert. Deshalb möchte ich hier die
zehn Gebote, die die mächtigen Männer in den Konzernen wirklich befolgt haben, aufführen. Sie sind
keineswegs so positiv und optimistisch stimmend, wie
es in vielen Ratgeberbüchern der Fall ist. Es kann sogar sein, dass der eine oder andere Leser sie als zy-

nisch empfindet. Ich kann ihm dann aber versichern, nicht das Aufschreiben und Offenlegen dieser Gebote ist zynisch, sondern die Tatsache, dass sie wahr sind und als Handlungsanweisung dienen.

1. Seien Sie am richtigen Ort

Die meisten Leser werden sich sicher schon gewundert haben, weshalb ein neuer Supermarkt immer genau dort aufmacht, wo bereits ein anderer schon existiert. Der Grund liegt ganz einfach darin, dass dies der richtige Platz ist, wo die meisten Kunden hinkommen. Es wird immer behauptet, wer tüchtig ist, schaffe es überall, das ist ein riesiger Irrtum. Der Standort ist für jede Art von Geschäft und auch für jede Art von Berufstätigkeit von ganz entscheidender Bedeutung.

Wollen Sie mit oder im Umfeld von Finanzdienstleistungen Karriere machen, ein Geschäft gründen und erfolgreich sein, dann gehen Sie nach Frankfurt oder nach New York. Weder Duisburg, Dortmund oder gar eine Kleinstadt in den neuen Bundesländern bietet ähnliche Chancen. Dieses Prinzip gilt regional, national und auch global. Die fähigsten Leute werden sich immer dort zusammenfinden, wo bereits andere sitzen oder wo zumindest ein Umfeld besteht, das ihnen nützlich ist. Das Computergeschäft wird immer noch am erfolgreichsten im Silicon Valley gemacht, auch wenn versucht wird, andere Standorte rund um den Globus attraktiv zu machen.

Von dieser Konzentration profitieren an den jeweiligen Standorten die Erfolgreichen doppelt und dreifach und die anderen schauen umso intensiver in die

Röhre. Das gilt nicht nur für die Entwicklungsländer, die hinter den attraktiven Standorten der Industrieländer hinterherhinken und ihre fähigsten Köpfe in diese Zentren abwandern sehen, sondern das gilt auch für die Kunden, die keine anderen Chancen haben, als nur in den Zentren erfolgreich einkaufen zu können. Das gilt für Computerchips und Computersoftware ebenso wie für Finanzdienstleistungen oder für Produkte aller Art, die in Einkaufszentren auf der »grünen Wiese« im Überfluss vorhanden sind, zu denen aber bestimmte Kunden, die über ein verringertes Maß ein Mobilität verfügen, keinen Zugang haben.

2. Marken machen Eindruck

Gleichgültig, welche Art von Geschäft man heute betreibt, was man braucht, ist eine starke Marke. Produkte oder Dienstleistungen werden nur begriffen und erinnert, wenn sie mit einer Marke, einem Namen, einem Bild und einer Nutzenvorstellung verbunden sind. Marken haben heute nichts mehr mit Qualität zu tun. Jeder Deutsche kennt Begriffe und Namen wie »Peep«, Verona Feldbusch oder auch »Naddel« und deshalb lassen sich mit diesen Namen auch ganz andere Produkte oder Dienstleistungen verkaufen, die überhaupt nichts mit ihnen zu tun haben wie zum Beispiel CDs mit Telefonnummern. Marken müssen erinnert werden und sie müssen emotional und nicht rational wirken, das ist alles. Erinnerungswert hat falsches Deutsch genauso wie ein Qualitäts- oder Billigpreisversprechen.

Nicht nur Produkte und Dienstleistungen sind Marken, sondern immer mehr auch Personen. Das gilt nicht nur für das Showgeschäft und für die Politik, sondern immer mehr auch für die Wirtschaft. Orangensaft kauft man bei Herrn Dittmeyer, Babynahrung bei Herrn Hipp und seine Versicherungen bei Herrn Kaiser.

Dieses Marken-gleich-Personen-Denken breitet sich vom Konsumgüterbereich immer weiter aus. Wer heute Vorstandsvorsitzender eines bedeutenden Konzerns ist, muss auch gleichzeitig Markenqualitäten besitzen, so wie VW-Chef Piëch, der geniale Ingenieur mit einem stets verkniffenen Gesicht, Schrempp von DaimlerChrysler, der auch ruhig schon mal angeheitert in einem römischen Brunnen baden darf, oder Ron Sommer, der smarte Mister Telekom. Wer nicht über solche Markenqualitäten verfügt, wie Johannes Ludewig (wer war das doch gleich?), der früher die Deutsche Bahn AG leitete, fällt die Treppe schnell wieder hinunter.

3. Marken brauchen Bekanntheit

Es reicht natürlich längst nicht, dass Sie sich für eine Marke entscheiden, Sie müssen auch für ihre Bekanntheit sorgen. Das kostet zwar am Anfang den Markenbesitzer viel Geld, er wird es sich jedoch sehr schnell vom Kunden wiederholen können. Es ist erstaunlich, wie viele Kunden glauben, dass die Werbung von den Unternehmen bezahlt werden würde. Nicht die Unternehmen zahlen die Werbung, sie nehmen das Geld für die Werbung nicht aus dem Gewinn, sondern holen es sich konsequent vom Kunden.

Dafür, dass ich als Kunde erfahre, was ich kaufen soll, bezahle ich also auch noch. Selbst die Produkte, die als Nicht-Markenartikel von sich behaupten, nicht beworben zu werden, werden gerade als solche am Markt angepriesen. Weiße Ware ist eine Marke für sich ohne Markenzeichen. Dieses nicht vorhandene Markenzeichen ist jedoch schon wieder eines.

Viele Unternehmer glauben immer noch, dass Werbung und Marken etwas für die Marketingabteilung sind, nur die wirklich guten machen das gesamte Unternehmen zur Marke und alle Mitarbeiter einschließlich sich selbst zum Werbeträger. Nur so kann man heute noch den Verbraucher überzeugen und genau das ist es, was dieser sich wünscht: klare Anweisungen, was er zu tun hat. Werbung und Marketing hat nichts mit Kundenfreundlichkeit zu tun, sondern eher etwas mit Konditionierung.

4. Machen Sie sich wichtig

Da immer mehr Marken auf dem Markt sind und die normale Werbung immer weniger Aufmerksamkeit des Kunden findet, deshalb drängen besonders die großen Konzerne immer mehr in die normalen Medien hinein. Das, was früher Schleichwerbung hieß und aufs Schärfste verpönt war – noch vor wenigen Jahren pflegte der Norddeutsche Rundfunk immer von einem großen Automobilhersteller in Wolfsburg zu sprechen, der in Konkurrenz zu anderen Automobilherstellern in Köln und Rüsselsheim steht –, ist heute gang und gäbe.

Gewinnspiele veranstaltet der Norddeutsche Rundfunk heute gemeinsam mit BMW und nach jeder Spielrunde erkundigt sich der Moderator bei seinen Mitspielern am Telefon ganz freundlich, ob sie denn die BMWs genauso toll fänden und so gern fahren würden, wie er es auch tue. Platter und direkter lässt sich Werbung und lassen sich Marken nicht mehr in den Alltag der Verbraucher einbauen.

Nicht nur die Medien, sondern auch die ganz normale Sprache wird mcdonaldisiert. Marken werden zu Produktbezeichnungen und Verhaltensweisen orientieren sich an der Werbung. Der Verbraucher wird in die Welt der Konzerne eingewoben, ohne dass er es merkt. Und die erfolgreichsten Konzerne mit den ältesten Marken machen es so geschickt, dass es wirklich niemandem mehr auffällt, während die neuen Marken sich konsequent nur an formbare, also junge Menschen wenden. Ältere werden somit, was die Produktauswahl betrifft, eindeutig benachteiligt.

5. Stehlen Sie Ideen schamlos

Es hat überhaupt keinen Zweck, zu glauben, dass nur eigene und originelle Ideen erfolgreich sind und dass bestimmte Ideen nur in speziellen Bereichen funktionieren. Stehlen Sie die Ideen anderer schamlos. Kupfern Sie ab, wo Sie können. Erfolgreiche Methoden wirken fast überall. Ob Sie ein Finanzdienstleistungsprodukt für eine Bank verkaufen wollen oder Produkte aus dem Pornoversand, das Marketing und die Kundenansprache sind fast identisch. Laut und penetrant muss man sein.

Das hört sich zwar nicht besonders kundenfreundlich an, ist es auch nicht, aber es ist erfolgreich. Also tut es jeder, der selbst auch erfolgreich sein will. Wer mit einer wirklich neuen eigenen Idee auf den Markt kommt, hat meist hart dafür arbeiten müssen. Jemand, der eine solche erfolgreiche Idee kopiert und als zweiter schnell hinterhergeht, hat es wesentlich leichter und kann von dem Vorausmarschierenden nur profitieren. Der Verbraucher behauptet vielleicht, dass ihn identische Produkte nicht interessieren, er kauft sie aber sofort, wenn sie nur etwas billiger sind als das Vorbild. Also schauen Sie nach, wie man ein bestehendes Produkt billiger machen kann, und nehmen Sie dann mit, was Sie kriegen können.

6. Wachsen Sie, so schnell Sie können

Schnelles Wachstum ist heute ein absolutes Muss, um schnell Milliardär zu werden. Halten Sie sich nicht damit auf, Unternehmen zu gründen, gründen Sie lieber gleich eine ganze Branche neu. Schnelles Wachstum ist sicherlich nicht unbedingt kundenfreundlich, weil die Dienstleistungen auf der Strecke bleiben. Aber lassen Sie sich davon nicht aufhalten.

Nicht ganz ausgereifte Produkte, die nach der Markteinführung nachgebessert werden müssen, sind nicht so schlimm wie gar keine Produkte, und ein Service, in dem improvisiert wird, ist besser als gar kein Service. Vielleicht ist ein improvisierter Service sogar noch besser als einer, der nach den alten preußischen Regeln »Das geht nicht« und »Da kann ja jeder kommen« funktioniert.

7. Marktanteile statt Gewinne

Um mit einem Unternehmen Milliardär zu werden, müssen Sie nicht nur dafür sorgen, dass das Unternehmen schnell wächst, sondern auch dass Sie in erster Linie Marktmacht gewinnen. Der Größte zu sein, egal worin, hat heute mehr Bedeutung denn je. Der Größte sein kann man auch in einer Nische, um dann aus dieser Nische heraus in immer neue Bereiche zu wachsen. Wenn Sie nicht den Ehrgeiz haben, sich selbst im Mittelpunkt zu sehen, können Sie mit dem Verkauf Ihres Unternehmens an einen großen Konzern dann schöne Gewinne einfahren.

8. Beteiligen statt motivieren

Natürlich wäre es schön, wenn die Motivation der Mitarbeiter aus dem Sinn der Tätigkeit, die sie ausführen, erwächst. Leider sind Raffgier und Gewinnsucht aber immer noch der bessere Motivationsfaktor. Allerdings funktioniert er nicht über ein festes Gehalt. Mehr Gehalt motiviert niemanden, eine Aktie mit Kurssteigerungspotenzial aber fast jeden. Das gilt nicht nur innerhalb eines Unternehmens, sondern erst recht für die vielen kleinen Spekulanten, denen das wöchentliche Lottospiel zu langweilig geworden ist und denen das Geld locker sitzt.

So ist es nicht verwunderlich, dass in Deutschland ein wahres Aktienfieber ausgebrochen ist. Nicht bei den großen Dax-Werten, sondern bei den neu gegründeten Aktiengesellschaften, die häufig nur große Ziele vorweisen können. Jeder möchte dabei sein, wenn die Kurse steigen, und ist damit selbst ein Teil des Mechanismus, der die Kurse treibt.

9. Talentierte Mitarbeiter statt Geld

Geld für Geschäftsideen ist heute selbst in Deutschland wesentlich leichter zu bekommen, als talentierte Mitarbeiter es sind. Eine bequeme Tätigkeit, die niemals die Grenzen der Belastbarkeit erreicht, ist immer noch das Ideal der meisten deutschen Arbeitnehmer, besonders da sie nicht erkennbar schlechter bezahlt werden als Jobs, in denen wirklich gearbeitet werden muss. Nun heißt talentiert nicht nur, dass diese Mitarbeiter über Wissen, gutes Denkvermögen, Belastbarkeit und Einsatzbereitschaft verfügen, sondern auch, dass sie ein gewisses Maß an Skrupellosigkeit mitbringen.

Ältere Mitarbeiter haben häufig Prinzipien oder sind moralisch vollkommen verkommen. Jüngere Mitarbeiter sind offen für die Prinzipien, die sie im Interesse Ihres Unternehmens vertreten sollen. Sie lassen sich noch formen. Loyal gegenüber dem Unternehmen, brutal gegenüber dem Kunden – zumindest wenn es sein muss, ansonsten smart und zuvorkommend. Hauptsache, die Ziele werden erreicht, die Methode ist egal. Am besten sind tüchtige Mitarbeiter, die einerseits nur ihr Unternehmen und andererseits nur ihre materielle Selbstdarstellung im Auge haben. Sie bringen für das Unternehmen die besten Profite. Prinzipielle Überlegungen würden wohl nur stören.

10. Der Erfolg heilt alles

Bei Menschen, die erfolgreich sind, und bei Unternehmen, die wachsen, fragt niemand, auf wessen Kosten das geschieht. Man darf Gewalt und List anwenden, solange der Erfolg einem Recht gibt. Im Prinzip gibt es keine Regeln. Gesetze werden nicht gebrochen, sondern umgangen. Die Chancen dafür liegen hauptsächlich in der Globalisierung. Und auch ein betrogener Kunde kann ein glücklicher Kunde sein, man muss ihm nur das richtige Gefühl vermitteln.

Wer in Deutschland besonders erfolgreich ist, bekommt üblicherweise irgendwann ein Bundesverdienstkreuz für seine »Leistungen«, egal, ob er die Steuern umgeht, andere gnadenlos ausbeutet oder seine Kunden betrügt. Erfolg macht in Deutschland honorig. Nach den Ursachen des Erfolgs fragt niemand – und auch nicht danach, wie viele andere Menschen für diesen Erfolg des einen auf der Strecke geblieben sind. Beispiele dafür gibt es mehr als genug, und ich habe bereits einige erwähnt.

Geld verdienen ohne Leistung

Die schönste Form des Erfolgs ist, Geld ohne Leistung zu verdienen. Die Reichen in Amerika werden immer reicher, und zwar nicht, weil sie etwas produzieren, sondern weil sie ihr Geld geschickt in Wertpapieren anlegen. Experten haben erstmals untersucht, welche Aktien den größten Anteil am stetig wachsenden Vermögen der US-Milliardäre ausmachen (*Wirtschaftswoche* 23/1999).

Zu den 40 Aktien, in die die 400 reichsten Amerikaner investieren, gehören die Versicherungsgruppe American Int. Group, die Computerhersteller Dell und Hewlett-Packard, der in den Bereichen Konsumgüter, Pharma und Medizin tätige Johnson-&-John-

son-Konzern, der Softwareproduzent Microsoft, Mc-Donald's, die Einzelhandelskette Wal-Mart, die Baumärkte Home Depot, der Bekleidungshersteller The Gap, die Medienkonzerne Time Warner und Walt Disney, das Telekommunikationsunternehmen AT&T sowie der Kaugummihersteller Wrigley.

Ähnlich ist die Einschätzung der gesicherten Gewinnerwartungen nach Branchen auch in Deutschland. Wer schon zu den Superreichen zählt, riskiert nichts. Aber wer es noch nicht ganz so weit gebracht hat, aber schon weiß, wie es ist, sein Geld ganz leicht, ohne jede Arbeit zu verdienen, der wird es immer wieder versuchen, selbst wenn er dafür ein Risiko eingehen muss. Auf den Devisenmärkten der Welt werden heute jeden Tag über 1,5 Billionen Dollar umgesetzt und fast ein Fünftel der jährlich produzierten Güter und Dienstleistungen wird an Börsen gehandelt.

Aber wer hat als normalverdienender Kunde schon Zugang zu dieser Art des Gelderwerbs durch Finanzgewinne, und wer kann sich einen qualifizierten Berater leisten? Denn den braucht man im Finanzdschungel. Niemand sollte glauben, dass die Reichen und Mächtigen unbedingt über alle notwendigen Kenntnisse selbst verfügen, sie kaufen sich einfach die raffiniertesten Berater. Auch Bill Gates hat sich zur Verwaltung seines Vermögens den Investmentprofi Michael Larson eingekauft.

Einige Unternehmensvorstände sind sogar erstaunlich dumm, was sie aber durch Herkunft, Beziehungen oder Gerissenheit und Brutalität kompensieren. Leute mit wenig Geld sind jedoch vom richtigen Geldverdienen von vornherein ausgeschlossen. Wer kein Geld oder nur wenig hat, kann auch keines auf die leichte Art dazuverdienen, dafür sorgen schon die Banken, die ihre Kunden keineswegs alle gleich gut behandeln und erst recht nicht gleich gut informieren.

Mit Finanzgeschäften läßt sich einfach besser Geld verdienen als mit der Produktion, dies zeigt auch die Entwicklung des amerikanischen Mischkonzerns General Electric. Zum Konzern gehören zwölf unterschiedliche Unternehmensbereiche, unter anderem Flugzeugtriebwerke, Haushaltsgeräte, ein Fernsehsender, EDV-Systeme und Finanzdienstleistungen. Und eben diesen Finanzdienstleistungen hat General Electric vor allem seinen Erfolg zu verdanken. Im ersten Halbjahr 1999 kamen fast die Hälfte des Umsatzes von 51,6 Milliarden Dollar aus diesem Bereich und mehr als 42 Prozent des um 15 Prozent auf knapp fünf Milliarden Dollar gestiegenen Bruttogewinns.

Innerhalb von acht Jahren hat der Konzern weltweit mehr als 350 Finanzunternehmen gekauft und aufgrund des Erfolges dieses Geschäftsbereichs ist ein weiterer Ausbau geplant. Dagegen trennte sich General Electric von mehr als 100 produzierenden Firmen, die nicht eine so gute Rendite erbrachten.

Das Geschäft mit dem Kleinanleger

Wie man es auch in Deutschland anstellen kann, auf Kosten anderer und speziell seiner Kunden mit Finanzgeschäften immer reicher zu werden, zeigt das Beispiel Gold-Zack. Das mittelständische Produktionsunternehmen wurde völlig umgekrempelt. Aus dem ehemaligen Gummibandhersteller ist ein verschachtelter Beratungskonzern für Börsen-Newcomer am Neuen Markt geworden, der nur ein Ziel verfolgt: möglichst viel Geld zu machen, indem viel heiße Luft produziert wird.

1996 hat der Unternehmensberater Dietrich Walther die Firma, die damals kurz vor der Pleite stand, übernommen und daraus ein Beteiligungsunternehmen gemacht. Gold-Zack kaufte sich in verschiedenen Dienstleistungsunternehmen ein und koordiniert ihre Zusammenarbeit in besonderer Weise, wenn es darum geht, andere Firmen als Aktiengesellschaften an die Börse zu bringen. Es gibt kaum andere Dienstleistungen, die mehr Gewinn abwerfen, als solche, die um den Börsengang eines Unternehmens gruppiert sind.

Um das zu verstehen, muss man Folgendes wissen: Wenn ein Eigentümer mit seinem Unternehmen an die Börse geht, kann es mehrere Gründe dafür geben. Entweder er braucht Geld, um die Expansion seines Unternehmens voranzutreiben, oder er möchte das im Unternehmen gebundene Kapital für sich flüssig machen. Es kann aber auch sein, dass er die Funktionen von Eigentümer und Unternehmensführung entkoppeln will, was meist in Zusammenhang mit einer Nachfolgeregelung geschieht. Dabei gibt es drei Möglichkeiten.

Die erste ist, dass der Eigentümer einen Teil seiner Aktien verkauft. In diesem Fall handelt es sich um eine reine Umplatzierung, das Geld fließt allein dem Altaktionär zu, er »macht Kasse«. Diese Art des Börsengangs wird von den Banken nicht gern gesehen, da sie den Eindruck erweckt, der Eigentümer sei nicht an einer finanziellen Stärkung des Unternehmens interessiert, sondern wolle sich langsam aus diesem zurückziehen, was ja auch durchaus richtig sein kann.

Die zweite Möglichkeit ist, dass im Rahmen des Börsengangs eine reine Kapitalerhöhung durchgeführt wird und der Altaktionär seine bisherigen Anteile behält. In diesem Fall zeichnen die Konsortialbanken die Aktien aus der Kapitalerhöhung und bringen diese auf Rechnung des Unternehmens an den Markt. Der Erlös aus dem Verkauf der neuen Aktien – nach Abzug der Emissionskosten – fließt nicht dem Altaktionär zu, sondern allein dem Unternehmen. Durch die bessere finanzielle Ausstattung steigt einerseits der Unternehmenswert, andererseits verbessern sich die Möglichkeiten, durch sinnvolle Investitionen das Wachstum voranzutreiben. Für den Firmeninhaber ist zwar die Beteiligungsquote gesunken, aber er ist an einem wertvolleren Unternehmen beteiligt.

Die dritte Möglichkeit wird am häufigsten praktiziert, es handelt sich um eine Kombination aus Kapitalerhöhung und Umplatzierung. Ein Teil des Geldes, in der Regel der größere, fließt dem Unternehmen zu, aber für den Eigentümer fällt auch noch einiges ab.

Wie funktioniert eigentlich ein Börsengang? Einen Antrag auf Börseneinführung kann nur eine Bank stellen, und es ist vorgeschrieben, dass dieser im Bundesanzeiger und einem Börsenpflichtblatt veröffentlicht wird. Mit dem Antrag muss ein Börsenzulassungsprospekt eingereicht werden, aufgrund dessen die Börsenkommission dann über die Zulassung der Aktien zum Handel entscheidet. Dieser Prospekt muss detaillierte Angaben zum Unternehmen enthalten, wobei die Vorschriften je nach dem angestrebten Börsensegment, in dem die Aktie gehandelt werden soll, variieren.

Wie Sie sehen, ist ein Unternehmer, der einen Börsengang plant, auf eine ganze Reihe von Dienstleistern zwingend angewiesen. Das sind die Wirtschaftsprüfer, die die Unternehmenszahlen erfassen und prüfen. Natürlich gibt es hier bei der Bewertung immer Spielräume, und es ist im Interesse des Unternehmens, dass alles so positiv wie möglich aussieht. Kreatives Denken lassen sich auch Wirtschaftsprüfer gern etwas besser honorieren.

Gleiches gilt für die Analysten, die die notwendige Studie über das Unternehmen erstellen. Auch hier kommt es stark auf die individuelle Bewertung bestimmter Tatsachen wie Marktchancen, Wettbewerb und Zukunftsaussichten an. Auch die Banken, die den Börsenzulassungprospekt schreiben und den Börsengang organisieren, bringen Goodwill und eine gewisse Risikobereitschaft, aber vor allem auch das Wissen mit, wie weit sie durch ihre Arbeit den Erfolg des Börsengangs beeinflussen können. Für viel Einfluss muss viel bezahlt werden.

Außerdem sind sich alle Beteiligten darüber im Klaren, wo sie sich das Geld holen können: beim zukünftigen Aktionär, der ihren Informationen vertraut. Kräftig verdienen deshalb auch die Werbeagenturen und PR-Berater, die für die Aktie die Werbetrommel rühren, Pressekonferenzen veranstalten, Quartals- und Geschäftsberichte erstellen und möglichst viele positive Nachrichten über das Unternehmen verbreiten. Viel Werbung treibt die Kurse nach oben und genau da sollen sie hin.

Gold-Zack-Chef Walther hatte die glorreiche Idee, bei Börsengängen von Unternehmen gleich mehrfach zuzulangen. Sein Prinzip funktioniert so: Zunächst schaut er sich nach einem potenziellen Börsenkandidaten um. Seine Unternehmensberatung Knorr Capital überprüft das Unternehmen, dann kauft Gold-Zack zehn bis zwanzig Prozent der Unternehmensanteile. Aktien von nicht börsennotierten Unternehmen sind aus vielerlei Gründen zu einem anderen Preis zu erwerben als Anteile von börsennotierten Gesellschaften.

Alle weiteren Dienstleistungen werden auch von den zum Walther-Imperium gehörenden Firmen erbracht und jedesmal verdient er mit. Analysten von Value Management & Research schreiben Unternehmensstudien, die PR-Agenturen Hunzinger und Haslauer streuen die Unternehmensnachrichten und die Gontard & Metallbank platziert die Aktien. Zum Schluss zockt Walther noch einmal richtig ab. Er verkauft kurz nach der Emission einen Teil seiner Aktien zum Börsenkurs, der aufgrund der zahlreichen Aktivitäten und Bemühungen zur Aufwertung des Unternehmens deutlich über dem Preis liegt, den er vorher für die Anteile bezahlt hat.

Das Geschäft mit den Neuemissionen boomt. Rund zwanzig Unternehmen hat Gold-Zack im vergangenen Jahr an die Börse gebracht, jeder Börsengang bringt Walther nach Schätzungen von Experten weit mehr als eine Million DM in die Kasse. Damit er zukünftig noch mehr Geld abzocken kann, will Walther jetzt die Dienstleistungsfirmen, an denen er bisher nur beteiligt war, ganz übernehmen und daraus eine Investmentbank machen.

Emissionshäuser sollen eigentlich einen fairen Ausgleich zwischen dem Börsennewcomer und dem Anleger erreichen. Sie geraten in einen Zielkonflikt, wenn sie durch eine Beteiligung auch nach dem Börsengang an das Unternehmen gebunden sind. Außerdem besteht bei einer Beteiligung an diesem Unternehmen die Möglichkeit, dass durch größere Einzelgeschäfte vor und nach dem Börsengang der Jahresüberschuss nach oben getrieben und damit die Gewinnprognose geschönt wird. Auch die Emissionsbank sollte neutral sein, denn sie entscheidet maßgeblich, ob der Ausgabekurs hoch sein soll, was im Interesse des Unternehmens wäre, oder niedrig, um möglichst viele Kleinanleger anzulocken.

Der Anleger, der in der Werbung und in den Zeitungen nur Gutes über den Börsenaspiranten gelesen hat, über seine großen Gewinn- und Wachstumschancen, wird zum Kauf der Aktien angeregt. Er vertraut selbstverständlich darauf, dass die Emissionsbank und die beteiligten Analysten neutral und objektiv handeln. Er zeichnet einige Aktien, bevor er weiß, zu welchem Preis sie endgültig angeboten werden. Wenn er Glück hat – oder nicht –, werden ihm welche zugeteilt und er kann nur auf eine den guten Unternehmenszahlen und -perspektiven entsprechende Kursentwicklung hoffen.

Einfluss kann der neue Aktionär nicht ausüben. Wenn die Erstnotierung oberhalb des Preises, den er für die Aktie bezahlt hat, liegt, freut er sich, aber verkaufen will er nicht sofort, er geht ja davon aus, dass die Kursentwicklung weiter nach oben geht. Wenn dann aber der Gold-Zack-Chef Walther ein größeres Aktienpaket abgibt, um Kasse zu machen, sinkt sofort der Aktienkurs und der Kleinaktionär ist der Dumme. Entweder verkauft er mit Verlust – oder es bleibt ihm die Hoffnung auf bessere Zeiten.

Und falls sich dann irgendwann einmal herausstellen sollte, dass der Börsennewcomer doch nicht so hervorragend ist, wie es in der Presse- und PR-Kampagne dargestellt worden war, wird das den Aktienkurs kräftig nach unten drücken. Und dann wird der Anleger feststellen, dass er den größten Teil seines angelegten Geldes verloren hat, weil er von den an dem Börsengang beteiligten Dienstleistern eingeseift worden ist.

Eine lange Zeit konnte man mit dem Kauf fast aller am Neuen Markt eingeführten Aktien kräftige Gewinne machen, was zu einem regelrechten Boom geführt hat. Doch die Zeiten sind vorbei. Immer mehr Unternehmen, die an die Börse gegangen sind, halten ihre Versprechungen nicht ein, was sich dann negativ im Kurs niederschlägt.

Die Reichen, die Armen und 4,4 Milliarden Habenichtse

Wer glaubt, dass es in den reichen Ländern, unter denen nach der Schweiz auf Platz 1 auch Deutschland mit Platz 8 eine beachtliche Spitzenposition hält, grundsätzlich zu einem immer stärkeren Ausgleich zwischen armen und reichen Menschen kommt, der irrt. Die Mittelschicht wächst keinesfalls, ökonomisch verliert sie sogar an Bedeutung, auch wenn die Neue Mitte von der deutschen Regierung als politische Zielgruppe und als Symbol sozialer Gerechtigkeit propagiert wird.

Die Verteilungsschieflage hat sich auch in Deutschland in den Achtziger- und Neunzigerjahren ganz erheblich zugespitzt: Von 1980 bis 1992 verdoppelte sich beispielsweise die Zahl der Empfänger von Hilfen zum Lebensunterhalt (Sozialhilfe), während sich gleichzeitig die Anzahl der Haushalte, die über ein monatliches Einkommen von 10 000 DM und mehr verfügten, fast verfünffachte. Der Anteil dieser besser verdienenden Haushalte an der Gesamtzahl aller Haushalte ist von 1980 bis 1992 von 1,5 Prozent auf fünf Prozent angestiegen, er hat sich also mehr als verdreifacht.

Das obere Drittel der privaten Haushalte in der Bundesrepublik Deutschland hatte 1992 mit einem Anteil von 58,2 Prozent der gesamten verfügbaren Haushaltseinkommen mehr als die beiden unteren Drittel zusammen, auf die nur 41,8 Prozent entfielen. Und diese Entwicklung setzt sich immer noch fort.

Werbung statt Qualität

Man kann sich nun natürlich fragen, welche Konsequenzen die Marketingstrategen der großen Konzerne aus dieser Entwicklung ziehen. Dem zahlenmäßig größeren, aber weniger kaufkräftigen Teil der Bevölkerung muss man vorrangig Waren mit niedrigen Preisen oder hohem ideellen Wert und mit für Hersteller und Handel noch akzeptablen Gewinnspannen anbieten. Dass sich dabei die Kostenanteile von der Qualität hin zu wachsenden Werbeaufwendungen verschieben, von denen der Kunde außer einem guten Gefühl nichts hat, nimmt man gern in Kauf.

Bevorzugte Zielgruppen für Produkte mit ideellem Wert sind Kinder und Jugendliche, die Unsummen für kleine Plastikfiguren aus den Filmen Star Wars oder Jurassic Park ausgeben, die für Musik und Kleidung fast jeden Preis bezahlen, solange sie nur von ihrem Freundeskreis beneidet werden. Mit niedrigen Preisen kann man hingegen die Erwachsenen locken, die für ein paar Pfennige weniger gern ein paar Mark mehr ausgeben.

An das reichlich vorhandene Geld des vermögenden oberen Drittels der Gesellschaft kommt man nur mit etwas anderen Strategien heran. Zunächst mit dem Versprechen, das vorhandene Vermögen weiter zu vermehren. Banken, Finanzdienstleister und Immobilienmakler machen mit dieser Zielgruppe unverändert glänzende Geschäfte, obgleich das Risiko der geplanten Vermögensvernichtung – oder genauer der Vermögensneuverteilung – vonseiten und zugunsten der Berater wächst. Aber je schlauer der Kunde zu sein glaubt, desto leichter ist es, ihm sein Geld abzuknöpfen.

Das zweite große Versprechen lautet, diese Zielgruppe per Erlebnis und Exklusivität vom Rest der Menschheit abzuheben. Was man ihnen verkauft, ist Status pur. Und weil Status zwar kostet, aber nicht nur an materielle Vorbedingungen geknüpft ist, werfen Statusprodukte die fettesten Gewinne ab.

Die Kluft zwischen Arm und Reich wächst

Präzise Informationen über die Verteilung der Vermögen in Deutschland sind noch schwerer zu beschaffen als Informationen über die Einkommen. Die Deutsche Bundesbank schätzt das Gesamtvermögen der deutschen Haushalte auf 9,5 Billionen DM. Eine Auswertung der Daten von 1983 zeigt, dass zehn Prozent der Haushalte über 48,8 Prozent des gesamten privaten Nettovermögens verfügten, während die unteren 50 Prozent der Haushalte zusammen gerade 2,4 Prozent besaßen. Im Fall der reichsten Haushalte bedeutete dies im Schnitt ein Vermögen von 600 000 DM pro Haushalt und 345 000 DM pro Kopf.

Da diese Angaben auf Selbstauskünften der Haushalte beruhen, ist es wahrscheinlich, dass die Angaben eher zu niedrig sind. In dieser Statistik fehlen darüber hinaus die Haushalte mit einem monatlichen Nettoeinkommen von über 25 000 DM. Das wären aber gerade jene obersten Einkommensbezieher und Vermögensbesitzer, die unter Verteilungsgesichtspunkten besonders interessant wären.

Auch in den USA ist in den vergangenen 15 Jahren die Kluft zwischen Arm und Reich immer größer geworden. 1993 konnten die Haushalte, die zu den zwanzig Prozent mit dem höchsten Einkommen gehörten, eine Einkommensverbesserung von etwa 10 000 US-Dollar erzielen. Im Gegensatz dazu mussten die ärmsten zwanzig Prozent einen Einkommensverlust von 1200 US-Dollar hinnehmen. Die Zahl der in Armut lebenden Amerikaner ist von 33 Millionen auf 37 Millionen gewachsen.

Innerhalb der vergangenen zehn Jahre ist die Zahl der Menschen, die trotz Vollzeitbeschäftigung mit ihrer Familie die Armutsgrenze in Richtung nach oben nicht überschreiten konnten, stark angestiegen. Zurzeit gehören 18 Prozent aller Beschäftigten in den USA dazu. Man kann sich leicht ausmalen, worauf die deutsche Beschäftigungspolitik zielt, wenn einzig und allein die Besetzung eines Arbeitsplatzes ohne Qualitätsaspekte zählt. 44 Prozent aller afroamerikanischen Kinder und 36 Prozent der Kinder von Amerikanern spanischer Abstammung und Sprachzugehörigkeit wachsen in Armut auf.

Japan nimmt unter den Industrieländern auch eine Sonderstellung ein, wenn es um das Verhältnis des Einkommens der reichsten zwanzig Prozent des Landes zu den ärmsten zwanzig Prozent geht. Das Verhältnis von Reich zu Arm liegt in Japan bei 4,3 : 1, das heißt, das Einkommen der reichsten zwanzig Prozent der Japaner ist 4,3mal so groß wie das Einkommen der ärmsten zwanzig Prozent. Diese Zahl entspricht in etwa den am weitesten entwickelten Ländern des früheren Ostblocks, in denen es noch keine große Oberschicht gibt. In Japan fehlt hingegen ein ausgeprägt armer Bevölkerungsteil.

Der japanischen Situation am nächsten kommen die Niederlande mit einem Verhältnis von Reich zu Arm von 4,5 : 1. Deutschland liegt mit 5,8 : 1 nicht so schlecht wie Großbritannien mit 9,6 : 1. In diesem Zusammenhang taucht die Frage auf: Wohin zielt das Blair/Schröder-Papier über die Entwicklung der europäischen Sozialdemokratie? Wird etwa in Deutschland eine Angleichung an englische Verhältnisse angestrebt? In England gibt es vielleicht neue Reiche und eine neue Upper Class, aber keine neue Mitte, denn gerade die fällt einer Polarisierung zwischen Arm und Reich am stärksten zum Opfer. Das sieht man auch in den Vereinigten Staaten, wo das Verhältnis bei 8,9:1 liegt. Spitzenreiter der Ungleichheit ist Brasilien mit 34,0:1.

Auch zwischen den Ländern wächst das Ungleichgewicht

Aber auch zwischen den Ländern hat die Ungleichheit zugenommen. Die Einkommenslücke zwischen dem Fünftel der Weltbevölkerung, das in den reichsten Ländern lebt, und dem Fünftel in den ärmsten Ländern lag 1997 bei 74:1, während sie 1990 nur 60:1 und 1930 gar nur 30:1 betragen hatte.

Auch in den letzten drei Jahrzehnten des 19. Jahrhunderts war in einer Ära rascher globaler Integration die Ungleichheit rapide angewachsen: Das Einkommensgefälle zwischen den reichsten und den ärmsten Ländern stieg von 3:1 im Jahr 1820 auf 7:1 im Jahr 1870 und auf 11:1 im Jahr 1913.

Gegen Ende der Neunzigerjahre dieses Jahrhunderts entfielen auf das Fünftel der Weltbevölkerung, das in den Ländern mit dem höchsten Einkommen lebte:

86 Prozent des Welt-Bruttoinlandprodukts – auf das unterste Fünftel knapp ein Prozent;

82 Prozent der Weltexportmärkte – auf das unterste Fünftel knapp ein Prozent;

68 Prozent der direkten Auslandsinvestitionen – auf das unterste Fünftel knapp ein Prozent;

74 Prozent der weltweiten Telefonanschlüsse, der heutigen Grundausstattung für Kommunikation – auf das unterste Fünftel knapp 1,5 Prozent.

In vielen Ländern haben auch die innerstaatlichen Ungleichheiten seit dem Anfang der Achtzigerjahre zugenommen. In China ist eine Verschärfung der Kluft zwischen den exportorientierten Regionen der Küste und dem Landesinnern zu beobachten: In den Küstenprovinzen liegt der Index der menschlichen Armut knapp unter 20 Prozent, in der Binnenprovinz Guizhou erreicht er dagegen mehr als 50 Prozent. Die Länder Osteuropas und der GUS verzeichneten einige der höchsten Steigerungsraten bei der Einkommensungleichheit.

Pro-Kopf-Einkommen sinken weiter

Wenn keine stärkere Teilhabe an den globalen Chancen erreicht werden kann, dann wird sich das Negativwachstum der vergangenen Jahrzehnte fortsetzen. In über 80 Ländern sind die Pro-Kopf-Einkommen immer noch niedriger als vor zehn oder mehr Jahren. Während 40 Länder seit 1990 ein Durchschnittswachstum des Pro-Kopf-Einkommens von über drei Prozent pro Jahr aufrechterhalten konnten, gingen in 55 Ländern, vor allem in Afrika südlich der Sahara sowie in Osteuropa und der Gemeinschaft Unabhängiger Staaten (GUS), die Einkommen zurück.

Die konzentrierte Macht in den Institutionen und Unternehmen der reichen Ländern wird immer häufiger ganz bewusst nicht dafür genutzt, sicherzustellen, dass die Globalisierung auch Effekte für die menschliche Entwicklung hat, sondern ausschließlich Shareholder-Value-Aspekte berücksichtigt. Durch eine stärkere öffentliche Rechenschaftspflicht und mehr Transparenz würden die Maßnahmen dieser Institutionen und Konzerne glaubwürdiger, wenn sie denn selbst eine gesellschaftliche Verpflichtung postulieren oder die Bereitschaft erklären, sich einer solchen zu unterwerfen, was längst nicht alle tun.

Finanzkrisen mit globalen Auswirkungen

Die finanziellen Unruhen in Ostasien in den Jahren 1997 bis 1999 machen die Risiken globaler Finanzmärkte deutlich, die diese auch oder besser gesagt besonders für jene Teile der Bevölkerung bilden, die nicht direkt von diesen Märkten profitieren. Die Netto-Kapitalzuflüsse nach Indonesien, der Republik Korea, Malaysia, den Philippinen und Thailand schnellten in den Neunzigerjahren in die Höhe und erreichten 1996 einen Wert von 93 Milliarden Dollar.

Als ein Land nach dem andern von den Unruhen erfasst wurde, kehrte sich der Strom über Nacht um: 1997 wurden Abflüsse von zwölf Milliarden Dollar verzeichnet. Der Rückgang belief sich auf sage und schreibe elf Prozent des Bruttoinlandsprodukts, das diese Länder vor der Krise erwirtschaftet hatten.

Das hatte verheerende Folgen. Die Anzahl der Firmenzusammenbrüche nahm zu. Gesundheits- und Bildungsbudgets gerieten unter Druck. Mehr als 13

Millionen Menschen verloren ihren Arbeitsplatz. Während einerseits die Preise für lebenswichtige Güter in die Höhe schnellten, wovon natürlich in erster Linie die großen Konzerne profitierten, sanken die Reallöhne drastisch, in Indonesien zum Beispiel um 40 bis 60 Prozent.

Die Erholung, die sich heute anzubahnen scheint, ist in Korea am deutlichsten, in Indonesien am geringsten. Aber wenn sich auch bei Produktionszahlen, Zahlungsbilanzen, Zinssätzen und Inflationsraten Verbesserungen abzeichnen – die Menschen erholen sich nicht so schnell. Eine Untersuchung der Finanzkrisen in 80 Ländern während der zurückliegenden Jahrzehnte zeigt, dass die Reallöhne im Durchschnitt drei Jahre brauchen, bis sie wieder ansteigen, und dass das Beschäftigungswachstum erst nach mehreren Jahren wieder das Niveau vor der Krise erreicht.

Während die Konzerne also beliebig innerhalb von Stunden oder Tagen Milliardensummen von einem Land in ein anderes pumpen können, um sich in *realtime* die höchste Rendite sichern zu können, wird mit der Lebensqualität der Menschen in diesen Ländern nach Belieben umgesprungen. Das sollte man auch in Deutschland im Auge behalten. Denn Finanzkrisen treten heute keineswegs mehr sporadisch und isoliert auf, sondern werden aufgrund der Ausbreitung und des Anwachsens globaler Kapitalströme immer häufiger.

Finanzkrisen sind aber keine Naturkatastrophen wie Erdbeben oder Wirbelstürme, sie sind das Ergebnis schneller Zu- und Abflüsse von kurzfristigem Kapital. Die Wahrscheinlichkeit, dass solche Krisen auch dort entstehen, wo man sie nicht erwartet, nimmt zu. Finanzkrisen gelten heute als systemimmanente Erscheinungen globaler Kapitalmärkte. Dies gilt vor allem dann, wenn keine gut ausgebauten nationalen Institutionen zur Regelung der Finanzmärkte vorhanden sind.

Globales Handeln ist notwendig

Kein Land ist für sich allein in der Lage, sich den unberechenbaren Launen der Finanzkrisen zu entziehen, und nur durch globales Handeln können sie verhütet und bewältigt werden. Die Einzigen, die sich solchen Krisen entziehen können, sind die globalen Konzerne.

Die Globalisierung der Wirtschaft bringt auch eine Globalisierung der Arbeit mit sich, allerdings nicht für die ohnehin schon Benachteiligten. Weltweit entsteht zwar ein immer stärker integrierter Arbeitsmarkt, aber nur für hoch qualifizierte Fachkräfte: Konzernmanager, Wissenschaftler, Entertainer und viele andere, die eine globale berufliche, durch hohe Mobilität und hohe Gehälter gekennzeichnete Elite bilden. Dagegen wird der Markt für ungelernte Arbeitskräfte durch nationale Barrieren weiterhin stark eingeschränkt. Wer keine Arbeit hat und nichts oder nur wenig verdient, hat auch nie die Chance, ein attraktiver Kunde zu werden.

Machtkonzentration durch Megakonzerne steigt

Die jüngste Welle von Fusionen und Übernahmen führte zu einer Konzentration industrieller Macht in Megakonzernen; damit wächst auch das Risiko einer

Aushöhlung des Wettbewerbs. 1998 kontrollierten die zehn wichtigsten Pestizid-Hersteller 85 Prozent des auf 31 Milliarden Dollar geschätzten globalen Marktes. Hiervon sind sowohl die Staaten mit einer hoch entwickelten, industriell arbeitenden Landwirtschaft als auch die Entwicklungs- und Schwellenländer betroffen. Die zehn größten Telekommunikationskonzerne kontrollieren 86 Prozent eines Marktes von 262 Milliarden Dollar, und der liegt vorrangig in den Industrieländern.

Welche Rolle spielt für diese Megakonzerne, zu denen auch die uns bestens bekannte Deutsche Telekom gehört, noch der einzelne Kunde? Er ist ein Nichts oder sogar oft noch viel weniger. Bedeutung erlangt er nur als Teil einer großen Zahl, nämlich als Teil einer Zielgruppe, die es sich zu bearbeiten lohnt. Nur wenn er willig und formbar ist, wenn er also gut funktioniert, wenn er genau das kauft und die Dienstleistungen fordert, die man ihm vorsetzt, dann ist er als Kunde genehm. Individualisten und erst recht Arme haben in der Welt der Konzerne keinen Platz.

Kundenfeindlichkeit mit System – die abstrakte Welt der Konzerne

Es gibt wohl nur sehr wenige Menschen, die über die Gabe verfügen, den Zustand der Welt einigermaßen objektiv in ihrer ganzen Komplexität wahrzunehmen. Einer davon mag zur Zeit vielleicht seine Heiligkeit der Dalai Lama sein. Die meisten anderen Menschen betrachten die Welt immer nur von einem bestimmten Standpunkt aus, nämlich ihrem eigenen. Und sie betrachten die Welt durch eine große Zahl egoistischer, materialistischer, ideologischer, religiöser, rassistischer und anderer prinzipieller Filter.

Diese Filter löschen aus der Wirklichkeit viele Fakten heraus und fügen andere Aspekte ein, so dass die Menschen zum Schluss wieder nur das Bild der Welt vor Augen haben, was sie bereits schon vorher mit sich herumtrugen. Objektivität ist ebenso selten wie die Bereitschaft, bestehende Vorurteile über Bord zu werfen oder sie zumindest auf ihre Richtigkeit hin zu überprüfen.

Erfolg macht blind

Besonders anfällig für eine Weltsicht mit großen Scheuklappen sind Menschen, die als erfolgreich gelten. Ihre Sichtweise muß ja richtig sein, sonst hätten sie nicht so viel Erfolg gehabt. Den möglichen Umkehrschluss, dass sie nur deshalb so erfolgreich waren, weil sie nur eine beschränkte Weltsicht haben, weil sie einfach die Bedürfnisse anderer Menschen ausblendeten, sie gnadenlos übergingen oder missachteten, lassen diese Erfolgsmenschen natürlich nicht zu. Wer sein eigenes Handeln nicht schon von vornherein als Wohltat für die Menschheit verklärt, wird zumindest eine Reihe von Pflichten und Verpflichtungen aufführen können, die sein Handeln als gesellschaftlich wertvoll legitimieren.

Man darf getrost davon ausgehen, dass die Vorstände globaler Unternehmen, für dic Millionen Mark nur Peanuts sind, nicht gerade über ein besonderes Einfühlungsvermögen für einen Arbeitnehmer verfügen, der nur 3000 DM im Monat nach Hause bringt. Diese Summe reicht bei vielen Konzernherren nicht einmal, um eine Übernachtung in einem Hotelzimmer, das sie für sich als akzeptabel empfinden, zu bezahlen.

Wie sollten sie dann erst recht mit einem Menschen mitfühlen, der sich freuen würde, einmal pro Woche eine ausreichende Mahlzeit zu bekommen? Als der Elite zugehörig sehen sie den Rest der Menschheit oft genug nur als krabbelnde Masse. Das geht leider auch vielen Politikern so, die das Denken in Programmen und Werten gegen Macht- und Kostendenken eingetauscht haben.

Diese Überlegungen werden viele Leser als zynisch bezeichnen. Aber das ist nicht so. Zynisch ist, den Wert eines Menschen nur oder doch hauptsächlich nach seinem Gehalt zu bemessen. Ist jemand, der jährlich sechs Millionen DM einsteckt, wirklich hundertmal fleißiger und tüchtiger als jemand, der 60 000 DM Lohn erhält? Arbeitet er hundertmal länger, sind seine Entscheidungen hundertmal besser? Verdient er wirklich hundertmal mehr? Ist irgendein Mensch wegen seines Besitzes oder seines Einkommens für den Rest der Menschheit überhaupt wertvoller als ein anderer?

Fünfzig Prozent aller Personalentscheidungen, die ein Unternehmen fällt, sind falsch und das trifft auch auf viele andere Entscheidungen zu. Muss man solche Erfolgsquoten hundertmal besser bezahlen? Ein Manager an der Spitze eines Unternehmens hat nur noch von drei bis vier Prozent der zu lösenden Probleme wirklich Ahnung. Ist das den hundertfachen Lohn wert?

Ich will hier nicht die Neiddiskussion erneut anschüren, ich will nur deutlich machen, dass das von jedem Zweifel ungetrübte Weltbild der Mächtigen in der Wirtschaft und der Politik sich so weit von der Realität der Menschen und damit der globalen Kunden entfernt hat, dass es für die Lösung der Probleme und für die Erfüllung der wirklichen Wünsche nicht mehr taugt.

Selbstherrlichkeit der Macht

Multinationale Konzerne beeinflussen das Leben und Wohlergehen von Milliarden Menschen. Aber sie sind ihnen keine Rechenschaft schuldig für das, was sie und wie sie es tun. Ihre Rechenschaftspflicht ist nur auf ihre Aktionäre beschränkt. Ob irgendeine staatliche Institution noch versucht sie zu kontrollieren und dazu überhaupt noch in der Lage ist, weiß man nicht, denn ihr Einfluss auf die nationalen und internationalen politischen Entscheidungsprozesse findet hinter den Kulissen statt.

Was zählt, sind Marktanteile und Shareholder-Value

Als seine wichtigsten Ziele nannte Siemens-Chef Heinrich von Pierer in einen Interview mit der *Wirtschaftswoche* (26/1999), er müsse das Unternehmen in allen seinen Teilen in überlebensfähige Wettbewerbsstrukturen bringen, und das seien die Nummer-1- und Nummer-2-Positionen auf dem Weltmarkt. Und in den Bereichen, wo Siemens es nicht aus eigener Kraft schaffe, würden Gemeinschaftsunternehmen gebildet, zum Beispiel mit Fujitsu im Computergeschäft. Siemens sei etwas wie ein lebender Organismus, sagte von Pierer. Es gebe immer wieder Akquisitionen, Kooperationen und Desinvestitionen. Derzeit habe er gleichzeitig rund 30 solcher Vorgänge zu bearbeiten.

Alle großen Konzerne sehen sich unter einem Zwang zur Größe. Was zählt, sind die weltweiten Marktanteile. Der Größte im eigenen Land zu sein, genügt nicht mehr. Ganz deutlich zeigt sich das an der rasant steigenden Zahl von Fusionen und Übernahmen. Im Jahre 1998 wurden weltweit Unternehmen im Wert von rund 4,8 Billionen (tausend Milliarden) DM übernommen, doppelt so viel wie im Jahr zuvor, schreibt die *Wirtschaftswoche* (29/1999).

An 2046 Unternehmenskäufen waren deutsche Unternehmen beteiligt. 1994 waren es nur 1249 Unternehmenskäufe mit deutscher Beteiligung gewesen. Nicht in diese Zahlen mit einbezogen sind dabei die geschlossenen Partnerschaften, zwischen 1996 und 1998 dürften es weltweit rund 20 000 gewesen sein. Zu den größten Fusionen und Übernahmen der jüngsten Zeit zählen Deutsche Bank und Bankers Trust, Totalfina und Elf, Renault und Nissan, DaimlerChrysler, Exxon und Mobil, Travellers und Citicorp sowie Hoechst und Rhône-Poulenc.

Ob diese Fusionen den Unternehmen wirklich dienen und ob sie rund um die Welt den Menschen nützen, die die Kunden dieser Unternehmen sind, bleibt fraglich. Auf jeden Fall profitieren die Spitzenmanager davon, sei es nun durch die Gehaltsanpassung an amerikanisches Niveau wie im Fall DaimlerChrysler oder durch immense Abfindungszahlungen an nun überflüssig gewordene Manager. Gut daran verdienen auch die beteiligten Berater, Juristen und Investmentbanken. Wer mit Sicherheit auf der Strecke bleibt, sind die vielen Mitarbeiter, die ihre Arbeitsplätze verlieren.

Einer der Hauptgründe für die vielen Zusammenschlüsse ist das Streben der Unternehmen nach Shareholder-Value. Alles dreht sich um die Steigerung des Unternehmenswertes. Während sich früher die deutschen Konzerne überwiegend über Banken finanziert haben, geschieht dies heute immer mehr – wie bereits seit längerem in Amerika – über die Börse. Und durch Fusionen kann man – zumindest kurzfristig – die Börsenkurse nach oben bringen.

»Das amerikanische Finanzmodell war das erfolgreichere, wir haben nichts Besseres«, meint der McKinsey-Deutschland-Chef Jürgen Kluge (*Wirtschaftswoche* 29/1999). »Es ist allerdings wünschenswert, dieses Modell um eine Vision für die Kunden und die ›Produktion‹ von Gütern und Ideen zu ergänzen.« Doch genau das ist bis heute noch nicht passiert. Eher das Gegenteil.

Die Produktvielfalt schrumpft

Was die meisten Menschen bei der Begeisterung über eine immer größere und immer enger zusammenwachsende Wirtschaft übersehen, ist, dass die Produktvielfalt ständig geringer wird. Je größer die Unternehmen sind und je größer die einzelnen Marken werden, desto kleiner wird die Vielfalt der Produkte. Statt vieler unterschiedlicher Getränke gibt es nur noch Cola, statt vieler unterschiedlicher Autos gibt es pro Werk noch zwei oder drei Plattformen, auf die dann ein paar andere Kotflügel geschraubt werden. Dieser Verarmung, die ja nur im Interesse der Konzerne geschieht, wird eine Verarmung im Denken folgen. Je eingeschränkter das Angebot ist, desto geringer sind die Ausweichmöglichkeiten für den Kunden.

Weniger Freiheit durch fehlende Kontrollen

Die nationale Politik garantiert den freien Wettbewerb auf den nationalen Märkten, für die globalen Märkte gibt es jedoch kein Äquivalent dazu. Im UNDP-Bericht (United Nations Development Programme) über die menschliche Entwicklung 1994 wurde eine Welt-Kartellbehörde vorgeschlagen, die Wettbewerbsregeln für den Weltmarkt überwachen und durchsetzen sollte. Diese Behörde gibt es natürlich bis heute nicht; denn sie würde die durch die globalen Aktivitäten neu gewonnenen Freiheiten der Konzerne wieder auf das Maß zurückführen, von dem diese sich gerade befreit haben.

In armen wie in reichen Ländern führten Umstrukturierungsmaßnahmen in den Konzernen und dann als Folge in den Volkswirtschaften zum Abbau sozialer Sicherungssysteme und zu einer stärkeren Unsicherheit bei Arbeitsplätzen und Einkommen. Der Druck des globalen Wettbewerbs veranlasste die Länder und die nationalen Arbeitgeber zu flexiblerer Arbeitspolitik, wodurch die Arbeitsbedingungen unsicherer wurden. So haben zum Beispiel in Chile 30 Prozent und in Kolumbien 39 Prozent aller Arbeitskräfte keinen Vertrag oder einen neuen, weniger sicheren.

Frankreich, Deutschland, Großbritannien und andere Länder haben den Kündigungsschutz abgeschwächt. Die Umstrukturierungsmaßnahmen in den Unternehmen gingen mit Fusionen und Übernahmen einher und führten zu Massenentlassungen. Trotz eines nachhaltigen Wirtschaftswachstums ist die Arbeitslosigkeit in Europa nicht zurückgegangen: Sie liegt seit einem Jahrzehnt bei 11 Prozent und betrifft 35 Millionen Menschen. In Lateinamerika sind durch das Wirtschaftswachstum zwar Arbeitsplätze entstanden, aber 85 Prozent davon liegen im informellen Sektor und erfordern Qualifikationen, die der überwiegende Teil der Bevölkerung nicht besitzt.

Wissen – Machtinstrument und Ware

Die besonders dynamischen Sektoren der meisten fortschrittlichen Volkswirtschaften von heute bestehen aus »gewichtslosen« Gütern, bei denen der Materialanteil sehr gering und der Wissensanteil sehr hoch ist. Den größten Anteil an der Exportindustrie der Vereinigten Staaten haben nicht Flugzeuge oder

Autos, sondern allein die Unterhaltungsbranche: 1997 spielten Hollywoodfilme weltweit mehr als 30 Milliarden Dollar ein.

Die Expansion der weltumspannenden Medien und der neuen Techniken der Satellitenkommunikation lassen ein mächtiges neues Medium mit globaler Reichweite entstehen. Diese Netzwerke bringen Hollywood in die entlegensten Dörfer: Die Anzahl der Fernsehgeräte pro 1000 Menschen hat sich zwischen 1980 und 1995 fast verdoppelt, von 121 auf 235.

1993 wurden 84 Prozent der globalen Forschungs- und Entwicklungsausgaben von nur zehn Ländern getätigt, die auch 95 Prozent aller US-Patente in den vergangenen beiden Jahrzehnten kontrolliert haben. Außerdem gehören über 80 Prozent der Patente, die Entwicklungsländern gewährt wurden, Staatsbürgern von Industrieländern.

Die Privatisierung und Verschärfung der Rechte auf geistiges Eigentum geben den Weg für die neuen Technologien und ihren Einsatz vor. Aber diese Privatisierung geht zu weit. Konzerne legen Forschungsprogramme fest und sichern sich durch Patente die genaue Kontrolle über ihre Ergebnisse. Der Wettlauf um die Ansprüche auf geistiges Eigentum vollzieht sich nach den Regeln, die Abkommen der World Trade Organization (WTO) über »Handelsbezogene Aspekte der Rechte auf geistiges Eigentum« (TRIPS) von den Industrieländern als Handlanger ihrer Konzerne festgelegt wurden.

Arme Länder und arme Menschen werden zur Bedeutungslosigkeit bestimmt

Es besteht die Gefahr, dass dieses System von Eigentumsansprüchen, das das auf der Welt vorhandene Wissen kontrollieren will, arme Menschen und arme Länder noch weiter an den Rand treibt:

Ob es um neue Medikamente oder besseres Saatgut geht, die Preise für die besten und modernsten Techniken richten sich nach denen, die sie bezahlen können. Für die Armen sind sie unerreichbar.

Bei der Festlegung von Forschungsprogrammen entscheidet nicht der Bedarf der potenziellen Kunden über die Prioritäten, sondern der voraussichtliche Gewinn, der sich in den hoch entwickelten Ländern erzielen lässt: Kosmetische Arzneimittel und langsam nachreifende Tomaten stehen auf der Prioritätenliste höher als Dürre-resistente Pflanzensorten oder ein Impfstoff gegen Malaria.

Verschärfte Rechte auf geistiges Eigentum verteuern den Technologietransfer und versperren damit systematisch den Entwicklungsländern den Zugang zu den dynamischen Wissenssektoren. Das TRIPS-Abkommen macht es den multinationalen Konzernen noch leichter, den globalen Markt zu dominieren.

Neue Patentgesetze berücksichtigen das Wissen der eingeborenen Bevölkerung in Entwicklungsländern nicht als schützenswertes Gut. Diese Gesetze lassen die kulturelle Vielfalt bei der Schaffung von Innovationen und der Teilhabe daran außer Acht. Sie ignorieren die in den unterschiedlichen Kulturen gepflegten vielfältigen Ansichten darüber, welches Wissen man privat besitzen kann und darf. Das reicht von Pflanzensorten bis zu menschlichem Leben. Das

Ergebnis ist ein heimlicher Diebstahl des Wissens bestimmter Gemeinschaften, die zu den ärmsten in den
Entwicklungsländern gehören.

Die Rechte auf geistiges Eigentum wurden 1986
erstmals zu einem Problem des multilateralen Handels, als es darum ging, gegen gefälschte Markener-
zeugnisse vorzugehen. Heute reichen diese Rechte jedoch sehr viel weiter – bis zum Eigentum an Leben.
Da Handel, Patente und Urheberrechte einen immer
stärkeren, richtungsweisenden Einfluss auf die Technologie und die Staaten ausüben, geht es bei der Hin-
terfragung der heutigen Regelungen nicht nur um
wirtschaftliche Aspekte.

Es geht um die Bewahrung der Artenvielfalt, um
die ethischen Aspekte von Patenten auf Leben, um
die Sicherung des Zugangs zur Gesundheitsversorgung, um den Respekt vor den Eigentumsformen
anderer Kulturen, um die Verhinderung einer sich
vertiefenden technologischen Kluft zwischen der
durch Wissen vorangetriebenen Weltwirtschaft und
den übrigen, die von ihr in den Schatten gestellt
werden.

Trotz der Risiken der Gentechnik führt der enorme
Druck kommerzieller Interessen dazu, dass die Profite den Menschen übergeordnet werden.

Die Globalisierung eröffnet den Menschen den
Zugang zur Kultur mit all ihrer Kreativität und
zu einem Austausch von Ideen und Wissen. Aber die
neue Kultur, die durch die Expansion der Märkte
verbreitet wird, gibt Anlass zur Sorge. Mahatma
Gandhi brachte das schon früher in diesem Jahrhundert sehr treffend zum Ausdruck: »Ich will
mein Haus nicht von allen Seiten zumauern und ich
will auch meine Fenster nicht zustopfen. Ich will,

dass die Kulturen aller Länder ohne jedwedes Hindernis in mein Haus hereinwehen. Aber ich lasse mich von keiner Kultur so stark beeinflussen, dass ich meine eigene vergesse.« Der heutige Kulturtransfer ist unausgewogen, denn das, was die reichen Länder in die armen transportieren, überwiegt ganz erheblich.

Illegaler Handel und Kriminalität als Teil der Globalisierung

Kriminelle machen sich die Vorteile der Globalisierung zunutze. Deregulierte Kapitalmärkte, Fortschritte bei der Informations- und Kommunikationstechnologie und billigere Transporte ermöglichen einen schnelleren, einfacheren und weniger eingeschränkten Austausch. Dies gilt nicht nur für medizinisches Wissen, sondern auch für Heroin, nicht nur für Bücher und Saatgut, sondern auch für schmutziges Geld und Waffen.

Illegaler Handel mit Drogen, Frauen, Waffen und gewaschenem Geld trägt zu Gewalt und Kriminalität bei, die auf der ganzen Welt Menschen in ihrer unmittelbaren Umgebung bedrohen. In Weißrussland stieg die Anzahl der Rauschgiftdelikte zwischen 1990 und 1997 von vier auf 28 pro 100 000 Menschen und in Estland von eins auf acht. Der Waffenhandel fördert die Kriminalität auf den Straßen ebenso wie Bürgerkriege. Aus Angola und Mosambik werden Maschinengewehre in großen Mengen nach Südafrika geschafft. Der auf sieben Milliarden Dollar geschätzte Handel mit Mädchen und Frauen, die sexuell ausgebeutet werden – in Europa sind es allein 500 000 pro

Jahr –, stellt eine der abscheulichsten Verletzungen der Menschenrechte dar.

Das Internet ist ein einfach zu nutzendes Instrument für den Handel mit Drogen, Waffen und Frauen über Netzwerke, die praktisch nicht aufzuspüren sind. 1995 wurde der Anteil des illegalen Rauschgifthandels am gesamten Welthandel auf acht Prozent geschätzt, höher als der Anteil des Handels mit Motorfahrzeugen oder Eisen und Stahl.

Durch Geldwäsche – die nach Schätzungen des Internationalen Währungsfonds (IWF) den Gegenwert von zwei bis fünf Prozent des globalen Bruttoinlandsprodukts erreicht – werden die Spuren eines Verbrechens in Sekundenschnelle mit einem Mausklick verwischt. Allerdings braucht man dafür Banken, Handelshäuser und Unternehmen, die als legale Geschäftspartner akzeptiert sind.

Die Wurzel all dieser beunruhigenden Entwicklungen ist der wachsende Einfluss des organisierten Verbrechens, dessen Geschäfte auf einen Bruttowert von 1,5 Billionen Dollar pro Jahr geschätzt werden – eine Wirtschaftsmacht, die zu den multinationalen Konzernen in Konkurrenz steht oder vielleicht schon ein Teil derselben ist. Globale kriminelle Gruppen verfügen über die Macht, die Politik, die Wirtschaft und die Polizei zu kriminalisieren. Sie entwickeln leistungsfähige Netzwerke und vertiefen und erweitern ihren Einfluss überall. Sie tauchen als Anwälte, Unternehmensberater, Finanzjongleure oder Politikberater überall dort auf, wo der Wunsch besteht, schnell große Gewinne zu machen.

Gewalt im Dienste der Konzerne

Die Globalisierung hat auch die Art der Konflikte verändert. Gefördert werden diese Konflikte durch den globalen Waffenhandel, der neue Akteure ins Spiel bringt und die Grenze zwischen politischen und geschäftlichen Interessen verwischt. Im Machtvakuum der Ära nach dem Kalten Krieg begannen Rüstungsfirmen und Söldnertruppen damit, Regierungen und Konzernen Ausbildungsmaßnahmen anzubieten. Diese angeheuerten Militärs, die sich nur ihrem zahlenden Auftraggeber verantwortlich fühlen, stellen eine gravierende Bedrohung der menschlichen Sicherheit dar.

Wenn Menschen nicht zählen, sondern nur Profite

Zahlen abstrahieren die Welt und machen sie scheinbar berechenbar. Zahlen verstellen aber auch den Blick auf die Wirklichkeit. Sie lenken vom eigentlichen Tun ab. Schon die Nationalsozialisten waren leidenschaftliche Buchhalter, aber auch sie rechneten die Zahl der täglich Ermordeten lieber als »Einheiten« denn als Menschen ab. So passiert es überall, wo etwas vernichtet wird. Krebserkrankungen werden in Prozenten ausgedrückt, Überlebenschancen in Verhältniszahlen, Gewinn durch Verluste anderer in Quoten.

Wenn man in einem klimatisierten Büro sitzt und nicht mehr weiß, welches Wetter draußen herrscht, wenn man nur durch eine Uhr mit Zeitzonen darüber informiert ist, ob der Gesprächspartner am Telefon in später Nacht oder am frühen Morgen mit überflüssigen Fragen traktiert wird, weil es einem ohnehin gleichgültig ist, wenn man andere dazu zwingen kann, gegen ihre Überzeugung zu handeln, weil man sonst mit einem Federstrich ihre Existenz zerstören kann, dann hat man sich von der übrigen Welt weitgehend abgekoppelt.

Wenn Mitarbeiter mit Nachteilen rechnen müssen, weil sie schlechte Nachrichten bringen, wenn man Geschäfte macht, wie andere Kriege führen, wenn die Macht der Geschäftspartner höher geschätzt wird als ihre Moral, weil die Profite bei Geschäften mit den Mächtigsten am höchsten sind, dann darf man sicher sein, im System der Unmenschlichkeit gefangen zu sein.

»Unternehmen sind keine Wohltätigkeitsvereine«, »wir halten uns an die Gesetze, die in den jeweiligen Ländern gelten«, »wie unsere Produkte verwendet werden, entzieht sich unserer Verantwortung«, »wir sind Kaufleute und keine Missionare«. Das sind Sätze, die heute zum Standardsprachschatz der Topmanager großer Konzerne gehören. Sie zeigen, dass dort in Werten und Kategorien gedacht wird, die nichts mehr mit den Wünschen und Forderungen der globalen Kunden gemeinsam haben.

Verschlusssache: Komplize Kunde

Es dürfte jedem Leser bei der bisherigen Lektüre schon klar geworden sein, dass der Wohlstand, das große Warenangebot und die niedrigen Preise für alle Produkte des täglichen Lebens in den hoch entwickelten Ländern nicht allein auf dem Fleiß und Ideenreichtum der dortigen Bevölkerung beruhen. Sie sind vorrangig darauf zurückzuführen, dass die großen Konzerne einerseits die Einkaufspreise für Güter und für Arbeit in den weniger entwickelten Ländern niedrig halten und andererseits die Bevölkerung dort als Kunde vom Bezug vieler nützlicher Waren ausschließen, indem diese dort überteuert angeboten oder gar nicht erst für diese Märkte produziert werden.

In den Entwicklungsländern verfügt nur eine privilegierte Minderheit über motorisierte Beförderungsmittel, Telekommunikation und moderne Energie, also über all die Grundelemente, die eine Industriegesellschaft überhaupt erst möglich machen. So ist es kein Wunder, dass die Menschen dort ihr Schicksal nicht einfach selbst in die Hand nehmen und sich von der globalen Wirtschaft zumindest für eine gewisse Zeit abkoppeln können.

Dies alles geschieht natürlich nicht gegen den Willen der deutschen Kunden, sondern mit ihrem massiven Einverständnis. Alles, was ich anschließend an zerstörerischem und menschenfeindlichem Verhalten auflistе, ist zumindest prinzipiell den meisten Deutschen bekannt. Es wird bloß sofort wieder vergessen, verdrängt oder als völlig unwichtig abgetan.

Auch die direkten Zusammenhänge zwischen dem

eigenen Lebensstil und Verhalten sowie den damit verbundenen Schäden für die Umwelt sind prinzipiell bekannt, sie werden jedoch meistens heruntergespielt. Jeder weiß selbst am besten, wie viel Verpackungsmüll er zur gelben Tonne mit dem grünen Punkt trägt, aber er lernt nichts daraus und will auch gar nichts lernen.

Es sind nie die Abgase des eigenen Autos, die die Umwelt verpesten, es ist nicht der Strom, den ich verbrauche, für den das Kraftwerk gebaut wurde, es ist nicht das Papier meiner Zeitung, für das die Wälder abgeholzt werden, und es ist nicht der Kaffee, den ich trinke, der mit Hungerlöhnen produziert wurde. Jeder ist entweder die große Ausnahme oder er macht sich klein und unbedeutend, zum willenlosen und unfreiwilligen Mittäter.

Niemand will Mitverantwortung tragen und erst recht nicht die Verantwortung für sein eigenes Handeln übernehmen. Damit macht man sich als Kunde zum Komplizen der Konzerne. Man duldet ihre Vorgehensweise und honoriert sie, indem man die Waren kauft. Und so gibt man den Konzernen die Gelegenheit, die Verantwortung von sich auf die Kunden zu schieben.

»Man würde gern anders produzieren und höhere Löhne zahlen«, »man würde gern zu Konditionen einkaufen, die dem Lieferanten einen besseren Gewinn lassen, aber der Wettbewerb und vor allem der Kunde verhindern dies«. »Der Kunde möchte nur eines, immer niedrigere Preise, egal wie«, heißt es aus den Konzernen. Ist der Kunde nun nur der Komplize oder sogar der Haupttäter?

Ich bin der Überzeugung, die erste Entscheidung treffen die Konzerne und sie entscheiden auch, wie sie ihre Entscheidung begründen, ob und wie sie sie ihren Kunden vermitteln. Kein Einrichtungshaus mit Teppichsonderangeboten schreibt darauf: »Dieser Teppich wurde von Kindern geknüpft, die nicht zur Schule gehen durften, deshalb erhalten Sie ihn zum halben Preis.« Keine Spielzeugfirma beschriftet ihre neuen Produkte mit: »Dieses Plüschtier nähte ein Strafgefangener in einem chinesischen Umerziehungslager für Ihr Kind, bevor er an Entkräftung starb.«

Und keine Firma schreibt auf ihre Packung mit Tiefkühlgarnelen: »Diese Tiere stammen aus südostasiatischen Zuchtfarmen, die die Küsten zerstören und das Wasser verpesten. Die Arbeiter und ihre Familien erhalten einen so geringen Lohn, dass sie sie leider nicht selbst essen können. Guten Appetit.« Vielleicht ahnt der Kunde manchmal so etwas, erzählt wird es ihm von denen, die es wissen, nie.

Halten wir deshalb dem Kunden zugute, dass er nur Komplize in Sachen globaler Kundenfeindlichkeit ist. Aber ein Komplize, der jedes scheußliche Verbrechen mitzumachen und zu rechtfertigen bereit ist, wenn für ihn der Preis stimmt. Und wer meint, dieses guten Gewissens nicht tun zu können, schaut in Deutschland einfach weg. Und genau das möchte ich verhindern.

Wie wenig sich die Superreichen und ihre Konzerne um den Rest der Menschheit kümmern, mit der nur ein geringer oder vorläufig überhaupt kein Umsatz zu machen ist, zeigen folgende Zahlen:

Für Kosmetikwaren werden allein in den USA acht Milliarden Dollar pro Jahr ausgegeben, für sechs Milliarden Dollar könnte man Grundbildung für alle

Menschen, die sie bisher noch nicht bekommen, kaufen. Weshalb erbringt niemand die Dienstleistung Bildung und kümmert sich dann noch professionell um die Finanzierung?

Für Eiskrem gibt man in Europa jährlich elf Milliarden Dollar aus. Wasser und sanitäre Einrichtungen für die Bevölkerung aller armen Länder würden neun Milliarden Dollar kosten. Wäre es dem Verbraucher zuzumuten, seine Eiskrem doppelt so teuer einzukaufen, um Geld für Wasser abzweigen zu können? Es gäbe noch viele Einnahmequellen der Konzerne und Verschwendungen der Kunden, an denen sich etwas verschieben ließe.

Für Hundefutter in Europa und den USA werden jährlich 17 Milliarden Dollar ausgegeben, für Zigaretten und alkoholische Getränke in Europa 155 Milliarden Dollar, und vielleicht könnten meine japanischen Landsleute sich die Unterhaltung für Geschäftsleute etwas weniger als 35 Milliarden Dollar jährlich kosten lassen. Man braucht nichts zu streichen, Feintuning in den Kosten und gezielte Angebote von guten Lösungen würden schon ausreichen.

Zutritt verboten – Geschlossene Konsumgesellschaft

Die Ungleichheiten beim Konsum sind besonders hoch und erschrecken mich immer wieder. Global gesehen entfallen auf die 20 Prozent der Weltbevölkerung in den Ländern mit den höchsten Einkommen 86 Prozent der gesamten privaten Konsumausgaben, während es für die ärmsten 20 Prozent minimale 1,3 Prozent sind. Für einen Markt, auf dem kein Konsum stattfindet, muss auch nicht produziert werden, also stockt dort der gesamte Kreislauf, der in einer Spiralbewegung zu immer höherem Wohlstand führt.

Das heißt aber nicht, dass in den armen Ländern nichts produziert, geerntet oder abgebaut wird. Diese Güter wandern nur zu einem geringen Preis auf den Weltmarkt und es kommt nichts Gleichwertiges zurück. Es ist nun keineswegs so, dass die ärmsten Menschen aus reiflichen Überlegungen heraus Konsumverzicht leisten. Er wird ihnen von uns schlicht abgepresst. Wir alle, denen es gut geht, schließen sie als Kunden aus. Und das trifft auf so gut wie alle Lebensbereiche zu.

Die ärmsten 20 Prozent der Weltbevölkerung sind von der explosionsartigen Entwicklung des Konsums praktisch ausgeschlossen. Weit über eine Milliarde Menschen kam ihre elementarsten Konsumbedürfnisse nicht decken. Von den 4,4 Milliarden Menschen in Entwicklungsländern verfügen fast drei Fünftel nicht einmal über die einfachsten Sanitäreinrichtungen. Fast ein Drittel hat keinen Zugang zu sauberem Trinkwasser. Ein Viertel hat keine ausreichende Unterkunft. Ein Fünftel hat keinen Zugang zu modernen Gesundheitsdiensten. Ein Fünftel der Kinder verlässt die Schule vor dem Abschluss der fünften Klasse.

Für rund ein Fünftel ist die Energie- und Proteinzufuhr durch Nahrung unzureichend. Immer noch ganz stark verbreitet ist der Mangel an Mikronährstoffen und Spurenelementen. Weltweit leiden zwei Milliarden Menschen an Blutarmut, 55 Millionen davon auch in den Industrieländern.

Mit der Zunahme des Reisens und der Migration breitete sich Aids weiter aus. 1998 lebten über 33 Millionen Menschen mit Aids, wobei fast sechs Millionen in jenem Jahr neu infiziert wurden. Auch breitet sich die Seuche jetzt rasch auf neue Gebiete aus, wie etwa auf das ländliche Indien, Osteuropa und die GUS-Staaten.

Da 95 Prozent der 16 000 Personen, die täglich neu infiziert werden, in Entwicklungsländern leben, ist Aids zu einer Krankheit der Armen geworden, die die Lebenserwartung erheblich reduziert und damit die Fortschritte der vergangenen Jahrzehnte wieder zunichte macht. Für neun Länder in Afrika wird bis zum Jahr 2010 ein Rückgang der Lebenserwartung um 17 Jahre prognostiziert, so dass sie wieder auf das Niveau der sechziger Jahre zurückfällt.

Bei näherer Betrachtung ergibt sich, dass das reichste Fünftel der Menschheit 45 Prozent aller Fleisch- und Fischmengen verzehrt und das ärmste Fünftel nur fünf Prozent. Nutztiere verzehren im Rahmen der Fleischgewinnung rund das zehnfache Gewicht an Futtermitteln, die an anderer Stelle fehlen. Fisch ist überwiegend eine natürliche Ressource, die sich nur unter bestimmten Bedingungen regeneriert, die aber immer weniger häufig gegeben sind. Fleisch und Fisch sind viel nahrhafter als Getreide und andere pflanzliche Nahrungsmittel, aber die Verteilung ist einseitig.

58 Prozent der gesamten Energie verbraucht das reichste Fünftel der Menschheit, das ärmste Fünftel bekommt weniger als vier Prozent. Wo kein elektrischer Strom vorhanden ist, kann nicht gekühlt, also haltbar gemacht werden, und es kann nach Einbruch der Dunkelheit nur bedingt weitergearbeitet werden. Und es können unendlich viele Maschinen, die für präzises und effektives Arbeiten notwendig wären, gar nicht erst betrieben werden, wie zum Beispiel

Drehbänke, Elektroschweißgeräte oder Öfen zum Schmelzen oder Trocknen.

Über 74 Prozent aller Telefonleitungen verfügt das obere Fünftel, das ärmste Fünftel muß mit 1,5 Prozent der Verbindungen auskommen, obgleich die Menschen viel weiter voneinander entfernt leben und schnelle Informationen und Wissensprodukte heute die Voraussetzung für schnellen Erfolg sind. Wo kein Strom und kein Telefon liegen, kann kein Computer laufen und kann keine Telearbeit geleistet werden.

84 Prozent der gesamten Papiermenge verbraucht das reichste Fünftel der Menschen, das ärmste Fünftel erhält nur 1,1 Prozent. Die meisten Menschen in den reichen Ländern denken bei Papier erstaunlicherweise zuerst an den Hygienebereich und dann an Werbeprospekte, die sie gerade fortgeworfen haben. Beides sind Dinge, die marginal oder entbehrlich erscheinen. Papier ist in den reichen Ländern aber zuallererst Informationsträger und -speicher.

Ohne Papier gibt es bei uns keine Informationen, kein Wissen, keine Daten und Fakten. Und genauso ist es bei den ärmsten Menschen der Welt. Ohne Papier sind sie aus der Informations- und Wissensgesellschaft ausgeschlossen. Außerdem ist Papier immer noch eines der wichtigsten Verpackungsmaterialien. Ohne Verpackungen gibt es keine Bevorratung und keinen sicheren Transport.

87 Prozent aller Fahrzeuge auf der Welt besitzt das reichste Fünftel der Menschen, das ärmste Fünftel weniger als ein Prozent. Fahrzeuge bedeuten aber nicht nur Mobilität und Transport. Fahrzeuge sind auch die großen Verbraucher von Rohstoffen, von Arbeitszeit und von Energie, die effektiver eingesetzt werden könnten, würde man den Fahrzeugen andere

Konzepte zugrunde legen, die sich nicht an den Überflussgesellschaften orientieren.

Konsumgesellschaften machen nicht glücklich – und viele Menschen auch nicht satt

Wir sollten uns einmal fragen, in welchem Maß die
heutigen Konsummuster in den hoch entwickelten
Ländern zur Zufriedenheit der Menschen beitragen.
Der Prozentsatz der Amerikaner, die sich als glücklich bezeichneten, hatte 1957 seinen absoluten Höhe-
punkt – obwohl sich der Konsum in der Zwischenzeit
verdoppelt hat. Konsum macht auch die Deutschen
nicht glücklich, das zeigen besonders die Umfragen in
den neuen Bundesländern.

Was an dieser Stelle nicht vergessen werden sollte,
ist, dass trotz des hohen Konsums in allen Industrieländern Armut und Entbehrungen anzutreffen sind,
in manchen nehmen sie sogar zu. Der UNPD-Bericht
von 1998 stellte einen neuen Armutsindex für Industrieländer vor, der viele unterschiedliche Aspekte
menschlicher Entbehrungen berücksichtigt. Der neue
Index für menschliche Armut zeigt, dass rund sieben
bis siebzehn Prozent der Bevölkerung in Industrieländern arm sind. Dies hat jedoch wenig mit dem
Durchschnittseinkommen der betreffenden Länder
zu tun.

In Schweden ist die Armut mit sieben Prozent am
geringsten, obwohl das Land mit seinem Durchschnittseinkommen nur an 13. Stelle steht. In den
Vereinigten Staaten, die das höchste Durchschnittseinkommen der berücksichtigten Länder aufweisen,
ist der Anteil der Bevölkerung, die in menschlicher

Armut lebt, am höchsten. Andererseits kann in Ländern mit einem ähnlichem Pro-Kopf-Einkommen das Ausmaß der menschlichen Armut sehr unterschiedlich sein. So liegt der Wert der Niederlande und Großbritanniens bei acht beziehungsweise 15 Prozent, obwohl das Einkommensniveau ganz ähnlich ist.

Der Armuts-Index weist klar nach, dass Konsumentbehrungen und menschliche Benachteiligungen nicht nur das Los armer Menschen in Entwicklungsländern sind. Über 100 Millionen Menschen in reichen Staaten sind in der gleichen Lage. Fast 200 Millionen Menschen werden wahrscheinlich nicht älter als 60 Jahre werden. Über 100 Millionen sind obdachlos. Fast 37 Millionen haben keinen Arbeitsplatz und werden daher häufig sozial ausgegrenzt. Viele Aussagen über Armut und Entbehrungen treffen auf sie genauso zu. Man kann also feststellen, dass das kundenfeindliche Prinzip »den Armen nehmen, um den Reichen zu geben« ein globales ist, das von den großen Konzernen überall angewendet wird.

Die reiche Minderheit vernichtet die Umwelt

Was den Armen besonders stark genommen wird, ist die Qualität ihrer Umwelt. Denn nichts belastete diese in den vergangenen 50 Jahren mehr als der ständig steigende Konsum in den reichen Ländern. Die Konsumbelastung der Umwelt erfolgt in erster Linie durch Schadstoffe und Abfälle, die die Erde verschmutzen und Ökosysteme zerstören, sowie durch zunehmende Erschöpfung und Schädigung der eigentlich erneuerbaren Ressourcen, die den Lebensunterhalt der Menschen immer stärker beeinträchtigen.

In nahezu allen Bereichen findet man ein »Mehr« an Umweltverbrauch: Die Verbrennung fossiler Energieträger hat sich seit 1950 fast verfünffacht. Der Verbrauch von Süßwasser ist seit 1960 auf fast das Doppelte gestiegen und die Fangmengen in der Meeresfischerei haben sich vervierfacht. Der Verbrauch von Holz in der Industrie und als Haushaltsbrennstoff ist heute um 40 Prozent höher als vor 25 Jahren.

Trotz dieser Zahlen sprechen einige Organisationen von einer gewissen »Dematerialisation«. Gemeint ist, dass sich das Verbrauchswachstum bei materiellen Ressourcen seit kurzem erheblich verlangsamt und die häufig geäußerte Angst, die nicht erneuerbaren Ressourcen der Welt wie Öl und Mineralien würden zu Ende gehen, sich als falsch erwiesen haben. Es werden immer neue Lagerstätten entdeckt und immer bessere Abbaumethoden entwickelt. Der Konsum verlagerte sich rein rechnerisch von Kohle und Öl auf weniger materialintensive Produkte und Dienstleistungen, weil die Energieeffizienz verbessert wurde.

Durch technische Fortschritte und das Recycling von Werkstoffen hat sich auch die Effizienz der Materialnutzung verbessert, besonders von Stahl, Aluminium und Metallen. Der Abbau und die Neugewinnung dieser Materialien ist in seinem Wachstum geringer als die des allgemeinen Wirtschaftswachstums. In den meisten OECD-Ländern hat sich der Pro-Kopf-Verbrauch von Grundstoffen wie Stahl, Holz und Kupfer stabilisiert. Bei einigen Produkten ist in verschiedenen Ländern sogar ein Rückgang festzustellen.

Der Konsumdreck zerstört, was Menschen brauchen

Die nicht erneuerbaren Ressourcen sind heutzutage, in Gegensatz zu den Fünfziger-und Sechzigerjahren, ausnahmsweise nicht das drängendste Problem. Es gibt aber zwei andere Bereiche, in denen sich die globale Wirtschaft der äußersten Grenze dessen nähert, was unser Planet noch verkraften kann.

Als erstes sind Luftverschmutzung und Abfälle zu nennen, die die Absorptions- und Regenerationsfähigkeit der Natur, der Meere, der Böden und der Atmosphäre überschreiten. Die Reserven an fossilen Brennstoffen gehen nicht zu Ende, was einerseits beruhigend ist, andererseits sind aber die durch die Nutzung dieser Brennstoffe unter veralteten technischen Bedingungen verursachten Gasemissionen für das Ökosystem zerstörerisch:

Der jährliche Kohlendioxidausstoß (CO_2) hat sich während der vergangenen 50 Jahre vervierfacht. Die globale Erwärmung, der so genannte Treibhauseffekt, ist zu einem schwerwiegenden Problem geworden, über dessen Folgen man in den entwickelten Ländern und in den Konzernzentralen nur wenig nachdenkt. Es drohen in manchen Gebieten Ernteschäden durch lang anhaltende Dürre. An anderen Orten muss man mit immer häufigeren Überflutungen weiter Gebiete rechnen; die Gefahr von Wirbelstürmen erhöht sich; schon geringste Klimaschwankungen führen zum Aussterben bestimmter Tier- und Pflanzenarten an Land und im Meer. All dies zieht weitere Folgen nach sich, Bodenerosionen, die Ausbreitung von Infektionskrankheiten in Überschwemmungsgebieten und das Auftreten von neuen Krankheiten.

Als Folge des ungehemmten Konsums und der damit in Verbindung stehenden Warenproduktion türmen sich giftige und nichtgiftige Abfälle in allen Teilen der Welt immer höher auf. Allein in den Industrieländern hat sich in den vergangenen zwanzig Jahren das Pro-Kopf-Aufkommen von Abfall fast verdreifacht und alle bisherigen Versuche, diesen Müll loszuwerden, haben sich als risikobehaftet erwiesen.

Das Vergraben auf Deponien schädigt das Grundwasser und giftige Gase machen die auf Deponien gebauten Häuser unbewohnbar; das Verbrennen schädigt die Atmosphäre, das Verklappen im Meer führt zu gravierenden Missbildungen bei Fischen und anderen Meerestieren und der Export von Müll in Entwicklungsländer verlagert das Problem und schafft es den Wohlstandsbürgern aus den Augen, ändert aber unter globalen Aspekten überhaupt nichts.

Zunehmende Schädigung erneuerbarer Ressourcen

Die zweite große Krise ist die zunehmende Schädigung erneuerbarer Ressourcen wie Wasser, Boden, Wälder, Fischbestände und Artenvielfalt. Zwanzig Länder leiden bereits unter Wasserknappheit, das heißt, es stehen pro Kopf weniger als eintausend Kubikmeter Wasser im Jahr zur Verfügung. Die weltweit verfügbaren Wassermengen sind von 17 000 Kubikmetern pro Kopf im Jahr 1950 auf 7000 heute zurückgefallen. Die 132 Millionen Menschen, die unter Wasserknappheit leiden, sind vor allem auf Afrika und Teile der arabischen Staaten konzentriert. Wenn die heutigen Trends anhalten, könnte ihre Zahl bis zum

Jahr 2050 auf eine bis zweieinhalb Milliarden anwachsen.

Auch hier wird der Kunde von den Energie- und Versorgungsunternehmen in Deutschland zum Komplizen gemacht. Wer in seinem eigenen Haus Regenwasser als Brauchwasser für die Waschmaschine oder für die Toilette nutzen will statt des wertvollen Trinkwassers, muss sich das in vielen Gemeinden erst genehmigen lassen und wird dann mit zusätzlichen, deftigen Abwassergebühren belegt. Umweltbewusstsein wird somit bestraft, weil man sich ja als Kunde der Versorgungsbetriebe teilweise verabschieden könnte. Genauso ist es vielerorts verboten, Wasser zur Gartenbewässerung aus einem eigenen kleinen Brunnen oder aus einem durch das Grundstück fließenden Bach zu entnehmen, statt das teure Trinkwasser auf dem Rasen zu verteilen.

Ein Sechstel der Landfläche der Welt, fast zwei Milliarden Hektar, ist durch Überweidung und falsche Anbaumethoden dauerhaft geschädigt. Die zu großen Rinderherden Afrikas, die auch noch den letzten Grashalm für immer ausrotten, dienen nur in geringem Maße der Ernährung der Menschen vor Ort. Afrika exportiert Rindfleisch in die reichen Länder, wo es wegen seiner minderen Qualität nur als Hunde- und Katzenfutter eingesetzt wird.

Falsche Anbaumethoden werden nicht etwa eingesetzt, weil die Menschen es nicht besser wussten, sondern weil diese unter den finanziellen und klimatischen Bedingungen gar keine anderen Möglichkeiten haben. Der Bestand an Wäldern, die den Boden festigen und Erosion verhindern, den Wassernachschub regulieren und zum Klimaausgleich beitragen, geht weltweit immer mehr zurück. Seit 1970 ist die bewaldete Fläche pro 1000 Einwohner von 11,4 auf 7,3 Quadratkilometer zurückgegangen.

Dass die Fischbestände schrumpfen, ist gar nicht oft genug zu betonen, weil in den reichen Ländern, in denen der Fisch ja aus der Tiefkühltruhe des Supermarktes kommt, dafür absolut kein Verständnis besteht. Rund ein Viertel ist schon weitgehend erschöpft, weitere 44 Prozent werden bis an die biologische Grenze ausgebeutet. Fast eine Milliarde Menschen in 40 Entwicklungsländern ist vom Verlust ihrer wichtigsten Proteinquelle bedroht, weil der zunehmende Export von Fischen, die zu Tierfutter und Ölen verarbeitet werden, zur Überfischung der Bestände führt.

Weniger Fisch für die Hungrigen der Dritten Welt

Es sind vor allem die großen Handelsketten und die Fischverarbeitungskonzerne, die den Preis für Fisch rund um den Globus diktieren. Aus Deutschland gehören Handelsketten wie Metro, Edeka und Aldi dazu sowie Firmen wie Nordsee, Langnese/Iglo, Pickenpack oder Frosta. Sie alle sind die treibende Kraft bei der Plünderung der Meere durch Überfischung, Verschwendung und Zerstörung der natürlichen Gegebenheiten.

Die Fischindustrie hat nicht nur in der deutschen Politik einen starken Einfluss. Auch die Europäische Union ist nur ein Instrument und Komplize, um der Industrie bei der Ausplünderung der Küstengewässer der Entwicklungsländer behilflich zu sein und diese anschließend mit leergefischtem Meer und einer hungernden Bevölkerung zurückzulassen. Denn bis zum

Jahr 2000 wird für die Versorgung der Menschen in den armen Ländern 30 Prozent mehr Fischeiweiß benötigt. Aber statt mehr bekommen diese weniger, weil die Menschen in den hoch industrialisierten Ländern ihnen einfach alles wegfressen.

Skrupellose Kapitäne holen alles aus dem Wasser, was schwimmt, und zerstören damit die Artenvielfalt. Dabei wird diesen modernen Seeräubern nicht nur der Preis, sondern auch die Qualität und die Technik von den Konzernen diktiert. Obgleich die verfügbare Fischmenge ständig schrumpft, bleiben die Preise zumindest in den Industrieländern stabil, denn die armen Länder müssen sich gegenseitig bekämpfen und unterbieten, um überhaupt einige Devisen zu bekommen.

Damit es auch den deutschen Fischverarbeitungskonzernen und Handelsketten weiterhin gut geht, muss der Steuerzahler die Fangflotten fleißig subventionieren. Fisch wird nicht als Teil der Natur betrachtet, sondern als ein Rohstoff, der sich gefroren von nirgendwo nach irgendwo transportieren lässt, um dort zu was auch immer, von der Feinschmeckerdelikatesse bis zum Tierfutter, verarbeitet zu werden.

Die Natur als Untertan

Wildtiere und -pflanzen sterben fünfzig- bis hundertmal schneller aus, als es dem natürlichen Zyklus entsprechen würde. Sie reißen damit große Löcher in das Lebensnetz der Natur. Und kein Forscher kann heute sagen, welche Folgen das haben wird. Die Tier- und Pflanzenwelt stellt ein äußerst kompliziertes System dar, das sich uns erst jetzt ganz allmählich erschließt.

Von den vorsichtig geschätzten 2000 Insektenarten sind erst 950 bekannt, von den 150 vermuteten Algenarten kennen wir 40, von den 200 Pilzarten 72 und von den 50 Bakterienarten nur vier.

Betrachtet man allerdings die höheren Schätzungen, so sind wir von der Kenntnis der Wirklichkeit noch viel weiter entfernt. Es können nämlich auch 3000 Bakterienarten sein, 2700 Pilzarten, 1000 Algenarten und 100 000 Insektenarten. Was uns dieses Wissen nützen kann, ist jetzt noch nicht abzusehen, aber die Erfahrung zeigt, dass immer wieder erstaunliche und für den Menschen wertvolle Entdeckungen in der Natur zu machen sind.

Die meisten Frauen, die sich in den Duft sündhaft teurer Parfums hüllen, wissen sicherlich gar nicht, dass sie damit zur Ausrottung eines Tieres beitragen, oder vielleicht ist es ihnen auch schlicht egal. Der Duftstoff Moschus wird nicht, wie viele glauben, vom bulligen Moschusochsen produziert, sondern von den kleinen, ungefähr ziegengroßen Moschustieren, die in Sibirien und den Gebirgswäldern Ostasiens leben.

Nur 25 Gramm Moschus enthält die Drüse eines erwachsenen männlichen Tieres. Rund 160 Tiere müssen erlegt werden, um ein Kilogramm Moschus zu sammeln, das dann immerhin sechsmal so teuer wie Gold ist und auf dem Markt rund 100 000 DM bringt. Während Moschus in der westlichen Welt für die Fabrikation von Parfums eingesetzt wird, benutzen die Chinesen es in ihrer traditionellen Medizin, die auch in Europa immer mehr Anhänger findet.

Wenn der Duftstoff Moschus weiterhin in dem Maße verbraucht wird wie in den vergangenen Jahren, dürften die Tiere in zehn Jahren endgültig ausgerottet sein. Allerdings wollen weder die chinesischen Arzneimittelhersteller noch die europäischen Parfumfabriken auf das echte Moschus verzichten. Dies ist nur ein Beispiel dafür, wie durch immer mehr Konsum Natur zerstört wird.

Die weltweit dominierenden Verbraucher sind vor allem die Wohlhabenden. Aber unter den Umweltschäden, die durch den weltweiten Konsum verursacht werden, leiden die Armen am meisten und daran ist der Kunde in den wohlhabenden Ländern mit schuld, auch wenn es ihm manchmal nicht bewusst ist. Er wird oft ganz systematisch zum Komplizen der Konzerne gemacht. Denn diese wissen ganz genau, was sie tun, und könnten auf den Pfennig genau sagen, wie viel sie daran verdienen, wenn sie die Wohlhabenderen aus dem Vollen schöpfen lassen und den armen Menschen und Ländern einen großen Teil der Kosten aufbürden.

Die Armen tragen der Reichen Last

Die am schwersten wiegenden menschlichen Entbehrungen, die auf Umweltschäden zurückgehen, erscheinen konzentriert in den ärmsten Regionen und treffen hauptsächlich die ärmsten Menschen, jene also, die nicht in der Lage sind, sich dagegen zu schützen. Ein Kind, das in einem Industrieland zur Welt kommt, trägt im Verlauf seines Lebens mehr zu Konsum und Umweltverschmutzung bei als 30 bis 50 Kinder, die in Entwicklungsländern geboren werden.

Seit 1950 waren die Industrieländer aufgrund ihres hohen Einkommens- und Konsumniveaus für über die Hälfte der Steigerung des Ressourcenverbrauchs verantwortlich. Das Fünftel der Weltbevölkerung, das in den Ländern mit den höchsten Einkommen lebt, verursacht 53 Prozent des Kohlendioxidausstoßes, das ärmste Fünftel nur drei Prozent. Zu den Entwicklungsländern mit den höchsten Emissionen gehören Brasilien, China, Indien, Indonesien und Mexiko.

Aber angesichts ihrer riesigen Bevölkerung sind ihre Pro-Kopf-Emissionen immer noch minimal: 3,9 Tonnen pro Jahr in Mexiko und 2,7 in China verglichen mit 20,5 Tonnen in den Vereinigten Staaten und 10,2 in Deutschland. Die durch Kohlendioxid verursachte globale Erwärmung wird für die Menschen in vielen armen Ländern verheerende Folgen haben: Durch einen Anstieg des Meeresspiegels könnte zum Beispiel in Bangladesch die Landfläche um 17 Prozent zurückgehen.

Auch die Entwaldung ist auf die Entwicklungsländer konzentriert. Während der zurückliegenden 20 Jahre verloren Lateinamerika und die Karibik sieben Millionen Hektar tropischer Wälder, Asien und Afrika südlich der Sahara jeweils vier Millionen. Zum größten Teil war dies auf die Nachfrage nach Holz und Papier zurückzuführen, die sich seit 1950 verdoppelt beziehungsweise verfünffacht hat. Dabei werden über die Hälfte des Holzes und fast drei Viertel des Papiers in Industrieländern verbraucht.

Die Armen sind Abgasen, Rauch und verschmutzten Flüssen am stärksten ausgesetzt und am wenigsten in der Lage, sich dagegen zu schützen. Luftverschmutzung verursacht jedes Jahr schätzungsweise 2,7 Millionen Todesfälle, davon sind 2,2 Millionen auf Luftverunreinigung in Wohnungen zurückzuführen, und 80 Prozent der Opfer sind Arme in ländlichen Gebieten der Entwicklungsländer. Rauch, der bei der Verbrennung von Holz und Dung entsteht, ist gesundheitsschädlicher als Tabakrauch, aber jeden Tag müssen Frauen viele Stunden mit Kochen auf rauchenden Feuerstellen zubringen.

Verbleites Benzin, das in Entwicklungs- und Übergangswirtschaften noch weiter verbreitet ist als in Industrieländern, schadet der menschlichen Gesundheit, indem es zum Beispiel die Gehirnentwicklung von Kleinkindern dauerhaft schädigt. Aus Bangkok wird gemeldet, dass bis zu 70 000 Kinder Gefahr laufen, aufgrund hoher Bleiemissionen vier oder mehr IQ-Punkte zu verlieren. In Lateinamerika sind rund 15 Millionen Kinder unter zwei Jahren einem ähnlichen Risiko ausgesetzt.

Natürlich gehen die Konzerne in den reichen Ländern mit ihrer eigenen Bevölkerung auch nicht gerade zimperlich um, wenn es um Wirtschaftsinteressen geht. Nicht nur die Umweltverbände, sondern auch die Bundesregierung, der ADAC und sogar die Autoindustrie fordern die Mineralölkonzerne seit einiger Zeit auf, möglichst schnell schwefelarmen Kraftstoff auf den Markt zu bringen, der wesentlich umweltverträglicher ist als das herkömmliche Benzin. In Japan, Kalifornien und Großbritannien gibt es diesen Kraftstoff schon länger. In Deutschland tun sich die Ölkonzerne jedoch schwer.

Man brauche mindestens drei Jahre für die Umstellung der Raffinerien, hat Peter Schlüter, Hauptgeschäftsführer des Mineralölwirtschaftsverbandes, der *Wirtschaftswoche* gesagt (22/1999). Kritiker vermuten eher, die Mineralölindustrie lasse sich Zeit, um die erheblichen Investitionen in die Entschwefelungsanlagen möglichst weit hinauszuzögern. Nach

Angaben des Verbandes der Deutschen Automobilindustrie (VDA) produzieren deutsche Raffinerien bereits schwefelarmen Treibstoff, der wird aber exportiert.

Immerhin hat die Branche versprochen, ab dem Jahr 2000 in Deutschland Super Plus als erste Treibstoffsorte schwefelarm anzubieten. Dies ist allerdings die teuerste aller Sorten und sie wird zudem nur in wenigen Fahrzeugen verwendet.

Wenn es schwefelarmes Benzin gibt, dann könnte die Autoindustrie in größerem Umfang Fahrzeuge mit den besonders sparsamen direkt einspritzenden Benzinmotoren anbieten, deren Katalysatoren keinen Schwefel vertragen. Aber auch alle anderen Fahrzeuge mit herkömmlichem Katalysator würden weniger Schadstoffe erzeugen. Wenn ausschließlich schwefelarmer Treibstoff verwendet wird, würde nach Ermittlungen des Berliner Umweltbundesamtes der Ausstoß von Kohlenwasserstoffen sowie von giftigem Kohlenmonoxid und von Krebs erregenden Rußpartikeln aus Dieselmotoren um bis zu 14 Prozent zurückgehen.

VW wird jedenfalls seinen ersten direkt einspritzenden Benziner zuerst in Japan anbieten. Der Polo mit einem 100 PS starken Vierzylindermotor, der weniger als fünf Liter verbraucht, wurde erstmals auf der Automobilausstellung in Frankfurt präsentiert. Bis die armen Länder in diese Entwicklung zu mehr Sauberkeit einbezogen werden, dürften wahrscheinlich noch mehr als ein oder fast zwei Jahrzehnte vergehen.

Armut und Umwelt in der Abwärtsspirale

Die Bedrohungen der Umwelt sind jedoch nicht nur auf Überfluss, sondern auch auf wachsende Armut zurückzuführen. Einer immer höheren Zahl armer und landloser Menschen bleibt angesichts zunehmender Verarmung keine andere Alternative in ihrem Überlebenskampf als die immer stärkere Nutzung der natürlichen Ressourcen, welche dadurch einem beispiellosen Druck ausgesetzt sind.

Armut und Umwelt sind in eine Abwärtsspirale geraten. Die Schädigung der Ressourcen in der Vergangenheit verschärft die Armut von heute, während die heutige Armut es außerordentlich erschwert, die landwirtschaftlichen Ressourcen zu erhalten oder zu regenerieren, Alternativen zur Dezimierung von Wäldern zu finden, die Ausbreitung der Wüsten zu verhindern, die Erosion unter Kontrolle zu bringen und dem Boden wieder Nährstoffe zuzuführen. Arme Menschen sind gezwungen, Ressourcen übermäßig zu nutzen, um zu überleben; diese Schädigung ihrer Umwelt trägt zu ihrer weiteren Verarmung bei.

Wenn sich diese Abwärtsspirale in extremer Weise verstärkt, sehen sich die Armen gezwungen, in immer höherer Zahl in ökologisch gefährdete Gebiete auszuweichen. Fast die Hälfte der ärmsten Weltbevölkerung – mehr als 500 Millionen Menschen – lebt auf Grenzböden.

Der Zusammenhang zwischen Armut und Umweltschäden in Entwicklungsländern wird auch durch das Bevölkerungswachstum beeinflusst. In den Entwicklungsländern wird der Druck auf die Umwelt jeden Tag stärker, weil die Bevölkerung weiter zunimmt. Prognosen zufolge wird die Weltbevölkerung im Jahr

2050 bei 9,5 Milliarden Menschen angekommen sein, davon mehr als acht Milliarden in Entwicklungsländern. Eine ausreichende Ernährung dieser Bevölkerung würde das Dreifache des heutigen Grundverbrauchs an Kalorien oder den Gegenwert von rund zehn Milliarden Tonnen Getreide pro Jahr erfordern. Das Bevölkerungswachstum wird auch zu Überweidung, übermäßigem Holzeinschlag und landwirtschaftlicher Übernutzung führen.

Die Interaktion zwischen Menschen und ihrer Umwelt ist außerordentlich vielschichtig. Es geht nicht einfach darum, ob sie reich oder arm sind. Besitz von natürlichen Ressourcen, Zugang zu Gemeinschaftseigentum, Stärke der Gemeinwesen und lokalen Institutionen, Fragen von Ansprüchen und Rechten, Risiken und Ungewissheiten spielen im Umweltverhalten von Menschen eine entscheidende Rolle. Weitere wichtige Faktoren sind Ungleichheiten zwischen den Geschlechtern, die Politik der jeweiligen Regierung und Anreizsysteme, die zu umweltgerechtem Verhalten führen sollen, zum Beispiel die Steuerbefreiung schadstoffarmer Autos.

In jüngster Zeit hat sich das Umweltbewusstsein in reichen wie in armen Ländern erheblich verbessert. Die reichen Länder, die über wesentlich mehr Ressourcen verfügen, geben mehr Geld für Schutz und Sanierung der Umwelt aus. Auch die Entwicklungsländer führen trotz geringerer Ressourcen saubere Techniken ein und verringern die Umweltverschmutzung, wie etwa das Beispiel China zeigt.

Die internationale Gemeinschaft geht auch aktiv gegen Umweltprobleme vor, die arme Menschen unmittelbar treffen wie zum Beispiel Ausbreitung von Wüsten, Verlust der biologischen Vielfalt und Export gefährlicher Abfälle. So hat die Konvention über die Artenvielfalt, die über 170 Staaten unterschrieben haben, praktisch weltweite Geltung erlangt. Die Konvention über die Bekämpfung der Wüsten wurde von mehr als hundert Ländern ratifiziert. Aber die Schädigung von Trockengebieten, die den Lebensunterhalt der Armen stark gefährdet, geht unvermindert weiter.

Der Komplize Kunde schweigt zur Kinderarbeit

Dass 80 Prozent der Lederfußbälle, mit denen die Deutschen ihrem Lieblingssport nachgehen, in Pakistan mithilfe von Kinderarbeit hergestellt werden, scheint in Deutschland niemanden zu interessieren. Hauptsache ist immer noch, dass solche Bälle billig sind; dann stellt man auch gern das Nachdenken darüber ein, wie es überhaupt zu solchen billigen Produkten kommen kann.

Nun ist Deutschland nicht gerade besonders kinderfreundlich, anders als Japan. Aber Kind zu sein hat für viele Deutsche, und erst recht für viele deutsche Eltern, einen ganz besonderen Stellenwert. Aber ganz offensichtlich nur dann, wenn es um die eigenen Sprösslinge geht. Dass die Kinder woanders auf der Welt hart schuften müssen, damit die deutschen Kinder möglichst billiges Spielzeug bekommen können, interessiert hier in Wirklichkeit niemanden. Die ganze deutsche Kinderfreundlichkeit scheint weniger ein Grundprinzip der Gesellschaft zu sein als nur eine Ausprägung von Egoismus.

Wer meinen Beobachtungen und Ausführungen bis hierher gefolgt ist, wird sicher meine Auffassung teilen, dass die Gewinne der einen immer auf den Verlusten der anderen basieren. Günstige Verkaufspreise beruhen in der Regel nicht auf dauerhaftem Gewinnverzicht, sondern auf niedrigen Einkaufspreisen. Als Arbitrageure bezeichnet man solche Handelskonzerne, deren Profite weniger aus den Handelsdienstleistungen erwirtschaftet werden als aus der Ausnutzung von Lohngefälle, niedrigen Sozialstandards und schlechteren Arbeitsbedingungen.

De facto läßt sich nur höchst selten eine direkte Verbindung zwischen einem schlecht bezahlten chinesischen Arbeiter, einem höchst gefährlichen Arbeitsplatz in Vietnam oder einer für immer zerstörten Kindheit in Indien und dem deutschen Händler herstellen, der seine Kunden mit einem weiteren Sonderangebot in seinen Laden lockt. Zu zahlreich sind die Glieder der Kette, die die Ware von ihrer Entstehung bis zu ihrer Verwendung weiterreicht, und zu sorgfältig werden die Quellen und die Gewinne versteckt.

»Kinder arbeiten in Steinbrüchen, auf Baustellen und Müllhalden. Ihr Alltag ist voller Gewalt. Oft werden sie wie Sklaven gehalten. Unter der Last dieser Arbeit zerbrechen Kinder körperlich und seelisch.« Mit diesen Worten versucht die Hilfsorganisation »Terres des Hommes«, in Deutschland »Hilfe für Kinder in Not«, zu mobilisieren. Und Hilfe ist dringend notwendig. Nach UNICEF, dem Kinderhilfswerk der Vereinten Nationen, leben weltweit mehr als 100 Millionen Kinder auf der Straße. »Sie schlafen in Hauseingängen, unter Brücken oder in Pappkartons.«

Mehr als 300 Millionen Kinder müssen weltweit unter menschenunwürdigen Verhältnissen leben und arbeiten, die ihrer Gesundheit oder seelischen Entwicklung schaden. Davon entfallen 61 Prozent auf Asien, 32 Prozent auf Afrika und sieben Prozent auf Lateinamerika. Auch wenn das genaue Ausmaß des Schreckens wegen fehlender Angaben über illegale Beschäftigungsverhältnisse nicht exakt beziffert werden kann, nehmen internationale Organisationen an, dass Kinderarbeit in vielen Ländern der Welt ein wachsendes Phänomen ist.

Eine Ende Oktober 1997 in Oslo durchgeführte internationale Konferenz hat mit der Verabschiedung eines Aktionsplans die Vorarbeiten für eine neue Konvention gegen Kinderarbeit abgeschlossen. An dem Treffen, das von der Internationalen Arbeitsorganisation (ILO) zusammen mit dem UN-Kinderhilfswerk und der norwegischen Regierung ausgerichtet wurde, nahmen neben den Vertretern nationaler Regierungen auch Vertreter von Kinderschutzorganisationen und Gewerkschaften teil.

Die Konvention, die sich gegen »ausbeuterische Kinderarbeit« wendet, soll für alle Kinder und Jugendliche unter 18 Jahren gelten. Dabei ist den Verantwortlichen durchaus bewusst, dass Kinderarbeit nicht pauschal verteufelt werden kann. Die aktive Teilnahme im Haushalt oder bei der Feldarbeit, auch das gelegentliche Austragen von Zeitungen werden deshalb auch nicht von einem Verbot erfasst. Häufig müssen Eltern in Elendsgebieten aus blanker Not ihre Kinder zur Arbeit schicken, wenn nicht die ganze Familie verhungern soll. Der Boykott einzelner Produkte, so Terres des Hommes, kann zur Entlassung von Kindern führen und sie womöglich in noch schlimmere Arbeits- und Lebensbedingungen zwingen.

Zu den schlimmsten Arten von Kinderarbeit gehören Zwangsarbeit, Prostitution, sklavenähnliche Arbeitsverhältnisse, Mitwirkung an pornographischen Darbietungen, Beteiligung am Rauschgifthandel und andere illegale Aktivitäten. Mädchen sind besonders bedroht, weil ihnen neben wirtschaftlicher und physischer nicht selten auch noch sexuelle Ausbeutung droht. Das internationale Vertragswerk soll die ärgsten Auswüchse von Kinderarbeit verhindern helfen. Das in Oslo von mehr als 300 Delegierten aus 39 Ländern verabschiedete Aktionsprogramm will die Ausbeutung von Kindern ins öffentliche Bewusstsein heben und Lösungsansätze aufzeigen.

Im Juni 1998 hat die ILO in Genf eine entsprechende Konvention verabschiedet, die leider auch auf Widerspruch gestoßen ist. Wendet sich die Ächtung der Kinderarbeit doch in erster Linie gegen asiatische Staaten wie China, Indien, Pakistan und die Philippinen, gegen afrikanische Länder sowie gegen nahezu alle Staaten Süd- und Mittelamerikas, die besonders eifersüchtig auf ihre nationale Unabhängigkeit pochen und selbst gravierende interne Missstände nicht sehen wollen. Dieser Stolz kommt den internationalen Konzernen natürlich nur zugute.

Die Konferenzen in Oslo und Genf wurden von kontroversen Diskussionen über die Möglichkeiten zur Durchsetzung eines Verbots der Kinderarbeit bestimmt. Die Delegierten waren sich uneins in der Frage, ob ein Boykott von Produkten, die von Kindern hergestellt werden, oder ob überhaupt ein pauschales Verbot von Kinderarbeit die gegenwärtige Situation verbessern könne. Nach Ansicht einiger Nichtregierungsorganisationen führt ein totales Verbot oder ein umfassender Boykott nur zu einer Verschiebung des Problems, zu größerer Armut, verstärkter Kriminalität und Prostitution. Neben der Profitgier der Produktions- und Handelskonzerne seien auch Armut und Hunger weitere Wurzeln des Problems.

Als ein wirkungsvoller Schritt gegen die Auswüchse der Kinderarbeit wurden die Förderung des kostenlosen Schulbesuchs und die Ausbildung der betroffenen Kinder herausgestellt. ILO-Generalsekretär Hansenne hofft darauf, durch kostenlosen und allgemeinen Pflichtunterricht die Kinderarbeit innerhalb von 15 Jahren abschaffen zu können. Doch dafür würden erhebliche finanzielle Mittel benötigt, die den Entwicklungsländern heute nicht zur Verfügung stehen. Ohne massive finanzielle Unterstützung der Industrieländer fehlt den Regierungen in der Dritten Welt das Geld, um Schulbildung bereitzustellen und zur Pflicht zu machen.

Von deutscher Seite wurde vor allem die Entwicklung von Gütesiegeln gelobt, die garantieren sollen, dass die jeweiligen Produkte nicht von Kinderhand gefertigt wurden. Der frühere Parlamentarische Staatssekretär im Bonner Entwicklungshilfeministerium Hedrich glaubt daran, mit solchen Siegeln bei den Unternehmen Anreize zu schaffen, auf Kinderarbeit zu verzichten. Vorbilder finden sich in der Teppichindustrie. Die Produkte sind zwar in der Regel etwas teurer, doch ein Teil der Einnahmen wird in den Herkunftsländern zur Ausbildung von Kindern abgeführt.

In den Vereinigten Staaten redet man nicht nur, sondern geht das Problem direkt an. In Washington verabschiedete der amerikanische Kongress Anfang Oktober 1997 das erste Gesetz zur Abwehr von Produkten – einschließlich Teppichen und Spielzeug, Kleidungsstücken und Fußböden – die unter Ausnutzung von Kinderarbeit in der Dritten Welt hergestellt worden sind. Dabei handelt es sich um Importe im Wert von mindestens 100 Millionen US-Dollar.

Da es bisher weder klare Ausführungsbestimmungen noch finanzielle Mittel zur Durchsetzung der moralischen Forderungen gegen die Kinderarbeit gibt, hängt die Wirksamkeit des Gesetzes entscheidend von der Mitarbeit und dem Bewusstseinsstand der Öffentlichkeit ab. Presseberichte über Zwangsarbeit und Ausbeutung sowie tödliche Brände in verschlossenen Fabrikhallen werfen ein grelles Licht auf die international tätigen Einkaufs- und Handelsorganisationen, die zu Bestpreisen in Südostasien einkaufen und dabei nicht lange fragen, wie die günstigen Einstandspreise im Einzelfall zu erklären sind.

Zeitungs- und Fernsehberichte über chinesische Zwangsarbeitslager, in denen Gefangene unter menschenunwürdigen Bedingungen in 15-stündigen Arbeitsschichten und bei einem Monatslohn von ganzen vier DM adidas/FIFA-Fußbälle für die Weltmeisterschaft 1998 in Frankreich fertigten, schärften den Blick der westlichen Öffentlichkeit für die objektiv vorhandenen Missstände (vgl. z. B. *Kölnische Rundschau* vom 10. Juli 1998). Die französische Nachrichtenagentur AFP berichtete im Juli 1997 ausführlich über das Schicksal des Regimekritikers Bao Ge in China, der als Gefangener im Lager Dafeng in der Provinz Jiangsu für die Shanghaier Firma Zhigin Lianke Co. schuften musste. Die Firma bestätigte zwar den Export von 30 000 Fußbällen, bestritt aber, dass Gefangene in der Produktion eingesetzt würden. Bei den Arbeitskräften habe es sich lediglich um »Landarbeiter« gehandelt.

Am 8. Juli 1997 berichtete das *Wall Street Journal*

Europe unter der Überschrift »China Syndrom« über die Lebens- und Arbeitsbedingungen ehemaliger Landarbeiter, die in den Sonderwirtschaftszonen für internationale Firmen wie Mattel oder den Sony-Zulieferer Kamikawa Seisakusho Co. Barbie-Puppen oder elektronische Geräte herstellen. Obwohl es sich hier nicht um Gefangene handelt, sind die Verhältnisse in den Fabriken katastrophal. Chinas Wanderarbeiter sind rechtlich weitgehend ungeschützt, da die früher üblichen Kontrollen des sozialistischen Systems keine Gültigkeit mehr haben. Arbeitszeiten von zwölf Stunden pro Tag, bei einem Tag Urlaub pro Monat, Schweigegebot bei der Arbeit, gemeinsame Unterbringung in Schlafsälen bei unzureichender Verpflegung sowie mangelhafte sanitäre Verhältnisse und Hungerlöhne bestimmen diese ausbeuterischen Arbeitsverhältnisse.

Der Ort Changan in der Nähe Hongkongs, einstmals eine verschlafene Landwirtschaftsgemeinde, hat sich innerhalb weniger Jahre in eine dynamische Exportstadt mit mehr als 200 000 Wanderarbeitern verwandelt, in der mehr als 1400 ausländische Gesellschaften ihre Fabrikationsstätten errichteten. Die jährliche Wachstumsrate der Exporte, die rund 80 Prozent der Gesamtproduktion ausmachen, liegt bei 20 Prozent. Erste Proteste der ausgebeuteten Arbeiter wurden von der Administration gewaltsam unterdrückt.

Doch der Kampf für menschenwürdige Arbeits- und Lebensbedingungen geht nicht nur in China weiter. Die „Kampagne für saubere Kleidung« will der hemmungslosen Schinderei von Frauen an den Nähmaschinen ausbeuterischer Fabrikanten internationale Grenzen setzen. Meist sind es junge Frauen, die für niedrigste Löhne und unter oft unmenschlichen Bedingungen »schöne Kleidung für deutsche Ladentische« herstellen. Fast immer sind es Frauen und Kinder, die in kleinen Hinterhof-Sweatshops, in Heimarbeit oder in großen Industriebetrieben weben, nähen und sticken. Besonders in den »Freien Exportzonen«, den so genannten »Weltmarktfabriken« Südostasiens und Zentralamerikas, werden die Arbeitskräfte »gezielt ausgebeutet« (vgl. http://www.cleanclothes.ch/d/).

Die europäische »Clean Clothes Campaign« (CCC) will mit Boykottaktionen und Konsumentenstreik die Einhaltung sozialer Mindeststandards, die in der »Sozialcharta für den Handel mit Kleidung« festgelegt sind, durchsetzen. Dabei geht es vor allem um die Durchsetzung des Rechts auf Bildung von Gewerkschaften und das Recht, Verträge, Löhne und Arbeitsschutzmaßnahmen kollektiv auszuhandeln.

Die großen Textilhandelshäuser sollen gezwungen werden, ihre Zulieferbetriebe zur Durchsetzung sozialer Mindeststandards zu veranlassen. Der Kampagne liegen konkrete Informationen vor, wonach Kinderarbeit, sexuelle Belästigung, Gewerkschaftsverbot und mörderische Arbeitszeiten von bis zu 77 Stunden pro Woche in Zulieferfabriken in Bangladesch, Thailand, El Salvador, Honduras und den Philippinen an der Tagesordnung sind.

Die großen Textil- und Bekleidungshändler aus Europa und den USA haben eine zentrale Machtposition in der textilen Kette inne. Sie bestimmen als Auftraggeber Preise und Lieferfristen und damit maßgeblich auch die Bedingungen vor Ort. Unter der Überschrift »Sweatshop-Police« berichtete das amerikanische Wirtschaftsmagazin *Business Week* über ei-

ne Initiative zur Verbesserung der globalen Arbeitsbedingungen.

Der »Council on Economic Priorities« (CEP), eine
New Yorker Bürgerinitiative, will gemeinsam mit einer Gruppe einflussreicher Unternehmen klar definierte Sozialstandards durchsetzen. Der als Social
Accountability 8000 (SA 8000) bezeichnete Vorschlag
will in Anlehnung an die in 80 Ländern der Erde gültigen ISO 8000 Qualitätsstandards der International
Standards Organisation zum öffentlichen Umdenken
zwingen.

Gemeinsam mit weiteren Arbeitnehmer- und Men-
schenrechtsgruppierungen sowie den Wirtschafts-
prüfern von KPMG-Peat Marwick und SGS-ICS sollen
überprüfbare Sozialstandards entwickelt werden. Ab
1999 sollten einzelne Hersteller und Händler auf Antrag besondere Gütesiegel erhalten, wenn sie die
Qualitätskriterien von CEP erfüllen. Dazu gehören
das Verbot von Kinder- und Zwangsarbeit, Arbeitsschutzmaßnahmen, die Anerkennung von Gewerk-
schaftsrechten, eine 48-Stunden-Woche und Mindest-
löhne, die die Grundbedürfnisse der Arbeitnehmer
abdecken.

Die CEP-Aktivitäten markieren möglicherweise
nicht nur einen Durchbruch zur Verbesserung der Lage in »Sweatshops«, sondern auch die Sicherung von
gemeinsamen Mindestarbeitsbedingungen. Die beteiligten Unternehmen vertrauen darauf, dass klare internationale Standards dazu beitragen, das Vertrau-
en der Kundschaft zu gewinnen, die angebotenen
Produkte stammten nicht von ausgebeuteten Arbeitnehmern.

Wenn sich genügend Unternehmen der CEP-Ini-
tiative anschließen, dann könnten relativ schnell

weltweit die Lebens- und Arbeitsbedingungen für Millionen entrechteter, ausgebeuteter und gequälter Mitmenschen verbessert werden. Diese private Initiative kann dann schnellere und bessere Resultate hinsichtlich des allgemeinen Lohnniveaus und der allgemeinen Sicherheits- und Arbeitsbedingungen erreichen als offizielle Handels- und Regierungsvereinbarungen.

Einige Skeptiker äußern sich besorgt und vermuten, dass manche Unternehmen sich zwar formal beteiligen, aber ansonsten alles beim Alten lassen wollen. Für diese Annahme könnte sprechen, dass seit Jahrzehnten die inhaltlich übereinstimmenden Konventionen der ILO von manchen asiatischen und lateinamerikanischen Regierungen noch nicht in geltendes Recht umgesetzt worden sind. Doch CEP vertraut darauf, dass diesmal unter dem Druck von Millionen Konsumenten alles anders und besser wird.

Die Konsumenten können die Kinderarbeit generell dadurch eindämmen, dass sie gezielt nach Waren greifen, die garantiert nicht von Kindern hergestellt sind. Von unabhängigen Gutachtern kontrollierte Gütesiegel können die materiellen Voraussetzungen dafür schaffen, dass künftig die Kinder in die Schule gehen und ihre Eltern an ihrer Stelle bezahlte Arbeit finden. Dieser Ansatz ist vielversprechend, weil westliche Handelsunternehmen mit »kinderfreundlichen Produkten«, die garantiert nicht aus Kinderarbeit stammen, wirksam werben können.

Seit Jahren bekämpfen gemeinnützige Bürgerinitiativen wie Greenpeace und Amnesty International die Missbräuche internationaler Konzerne, die Mensch und Natur ausbeuten und zerstören. Der Shell-Boykott anlässlich der geplanten Versenkung der Ölplattform »Brent Spar« hat zu empfindlichen Absatzverlusten geführt und deutlich gemacht, welche Druckmöglichkeiten bestehen, um die Mächtigen zur Umkehr und Einsicht zu zwingen.

Thilo Bode, der Chef von Greenpeace, will nach einer Phase dramatischer und spektakulärer Piraten- und Geländespiele neue Kampagnen entwickeln, die sich am Konsum der Bevölkerung orientieren. Die Umweltzerstörung soll dabei von zwei Seiten attackiert werden. Zum einen durch ein Angebot alternativer Produkte, zum anderen durch »Bestrafung« der Missetäter durch öffentliche Boykottaufrufe. Mit eigenständigen Forschungsaktivitäten wird die Automobilindustrie unter Druck gesetzt, endlich Benzin sparende Fahrzeuge herzustellen. Ein Öko-Kühlschrank ohne Treibhausgase und eine ökologisch produzierte Plastikkarte sind erste Schritte zur Förderung der ökologischen Eigenproduktion.

Amnesty International hat sich inzwischen für eine direkte Partnerschaft mit der Industrie entschieden. Die Organisation zieht damit den logischen Schluss aus dem zunehmenden Verfall staatlicher Macht, die im Zeichen der Globalisierung immer offenkundiger wird. Man hat erkannt, dass es wenig nutzt, Tausende von Briefen an Regierungsmitglieder abzusenden und Folterregime anzuprangern, wenn der ökonomische Nerv des Systems davon unberührt bleibt.

Statt mit vergeblichen Protesten und entrüsteten Noten der Auswärtigen Ämter zu reagieren, die in aller Regel in Afrika und Lateinamerika unbeachtet im Papierkorb landen, sollen die wirtschaftlichen Interessen der Machthaber angegriffen werden. Die Verhinderung einer Direktinvestition oder die Kürzung von Entwicklungshilfe sind sicherlich wirkungsvoller als verbale Protestaktionen. In einer Zeit, in der international operierende Konzerne zunehmend über die Köpfe nationaler Regierungen hinweg handeln und weltweit Steuern und Investitionen nach eigenem Gutdünken lenken, werden die Manager und nicht mehr die Politiker zu Vertragspartnern der volkstümlichen Ethikagenturen.

1996 führte eine Verbraucherkampagne gegen das Militärregime in Burma dazu, dass sich die Brauereien Carlsberg und Heineken sowie Pepsi Cola aus dem Land zurückzogen. Mit der Bildung eines »Amnesty Business Club« will der dänische Zweig der Organisation eine engere Zusammenarbeit zwischen Management und Bürgerbewegung sicherstellen, die die Einhaltung ethischer und moralischer Grundpositionen in Krisenländern gewährleisten soll. Die Unternehmen können nunmehr vorab ihre Investitionspolitik und Handelsaktivitäten mit den Menschenrechten abstimmen und mögliche wirtschaftliche Einbußen durch organisierte Verbraucherproteste vermeiden.

Auch für Lieferanten und Zulieferer sollen analog den Aktivitäten von CEP, New York, »saubere Firmen« mit besonderen »Gütesiegeln« ausgestattet werden. Bereits Ende September 1997 hat sich der dänische Lego-Konzern eine rigide Öko- und Ethikcharta für Produktion und Vertrieb seiner bunten Spielsteinchen gegeben und gezeigt, in welche Richtung sich das Ethikmanagement entwickelt. Ethik wird im weltweiten Wettbewerb zu einem gewichtigen Konkurrenzparameter.

Diese Erfahrung musste auch der amerikanische Sportartikelhersteller Nike Inc. im Herbst 1997 machen. Kurz nach der Veröffentlichung eines stark abwiegelnden Untersuchungsberichts durch den ehemaligen Bürgermeister von Atlanta, Andrew Young, über die Arbeitsbedingungen in den 350 weltweiten Fabrikationsstätten des Konzerns meldete sich eine Bürgerrechtsgruppe aus San Francisco zu Wort.

Das Transnational Resource & Action Center (TRAC) schleuste einen vertraulichen Untersuchungsbericht der Wirtschaftsprüfungsgesellschaft Ernst & Young an die Öffentlichkeit, in dem die Arbeitsbedingungen in Nikes Produktionsstätten in Vietnam auf das Schärfste kritisiert wurden. Den Prüfern zufolge gab es nicht nur schwere Verletzungen des vietnamesischen Arbeitsrechts und der Umweltschutzbestimmungen zu verzeichnen, sondern auch von erzwungener Mehrarbeit, von verbalen und physischen Belästigungen und Missbräuchen durch Manager war plötzlich die Rede.

Die Untersuchung machte deutlich, dass nur ein standardisiertes, weltweit gültiges Überprüfungssystem eine Verbesserung der internationalen Arbeitsbedingungen gewährleisten kann. Eine vom US-Präsidenten eingesetzte »Task Force on Sweatshops« hat sich bereits weitgehend auf ein Überprüfungssystem geeinigt, das nicht nur die ausländischen Fabrikationsstätten amerikanischer Hersteller, sondern auch die ihrer Zulieferer erfassen soll.

Die Überlegungen gehen davon aus, dass nicht nur bestellte und von den Firmen bezahlte Prüfer die gültigen Arbeitsbedingungen begutachten, sondern auch außenstehende Gruppierungen, wie zum Beispiel lokale Kirchengemeinden, Universitäten und Arbeitnehmerrepräsentanten, die die tatsächlichen Verhältnisse vor Ort erkunden und die objektive Situation der Betroffenen abklären sollen. Die offizi-

elle Zustimmung von gemeinsamen Prüfungsinstanzen zu den Arbeitsbedingungen eines international
tätigen Unternehmens soll dessen Glaubwürdigkeit
vor den Kunden sichern helfen.

Es ist sicherlich eine dringende Aufgabe der nationalen Politik, die international vereinbarten sozialen
Mindeststandards zu rechtlich abgesicherten Mindestarbeitsbedingungen zu machen. Doch vieles
hängt dabei von der offiziellen Handelspolitik und
den nationalen Kartellbestimmungen ab, ob, wann
und wie die notwendigen gesetzlichen Rahmenbedingungen zur Beseitigung von Missständen geschaffen
werden.

In der Schweiz werden zum Beispiel jährlich für
rund zehn Milliarden Franken Textilien gekauft. Zwischen 30 und 50 Prozent kommen aus asiatischer Produktion. Die Billigpreise, so die Argumentation der
Hilfswerke, seien die Folge miserabler Arbeitsbedingungen in der Dritten Welt. Die Löhne deckten oft
nicht die Lebenshaltungskosten und die Arbeitszeiten seien einfach unmenschlich. Von einem T-Shirt
für 50 Franken erhalte eine chinesische Arbeiterin
zwei Prozent Lohn. Im Gegensatz zu den Beteuerungen europäischer Textilunternehmer und Textilhändler würden auch weiterhin Kinder beschäftigt.

Retortenwasser statt Natur

Fleisch soll billig sein. Da drückt Komplize Kunde
dann auch beide Augen kräftig zu, wenn seine Steaks
in Form noch lebender Tiere unter erbarmungswürdigsten Umständen, durstend und verletzt quer
durch Europa zum Schlachthaus gekarrt werden, nur

weil Tiere zu quälen billiger ist als ein Kühlwagen. Es stört den Komplizen Kunde auch nicht, was im Rahmen der Massentierhaltung in Legebatterien und Hähnchenmastbetrieben geschieht.

Über die Details ist schon so oft in Zeitschriften berichtet worden, Magazinsendungen und Reportagen im Fernsehen haben so grässlich grausame und so unappetitliche Bilder gezeigt, dass ich dachte, niemand würde mehr auch nur ein Stück Fleisch im Supermarkt kaufen. Aber das war ein Irrtum. Entweder sehen die Deutschen solche Bilder gern – oder es kümmert sie einfach nicht, so wie sie viele Dinge in ihrer Geschichte nicht gekümmert haben. Die Deutschen besitzen die große Fähigkeit, Tatsachen aus ihrer Wahrnehmung einfach auszublenden.

Dass nun nicht nur die meisten Europäer, sondern auch die Deutschen dem Trinkwasser aus der Leitung misstrauen, ist für mich schon fast ein Wunder. Immerhin müssen in Deutschland rund 60 Prozent des Leitungswassers filtriert, entkeimt und chemisch gereinigt werden, bevor es für den menschlichen Genuss noch geeignet erscheint.

Das heißt jedoch nicht, dass in diesem Wasser keine Chemikalienreste mehr enthalten sind, die früher oder später doch zu Erkrankungen führen können. Was die Landwirtschaft und die Industrie alles ins Grundwasser hat sickern lassen, soll wohl auch gar nicht erst bekannt werden. Aber diejenigen, die darüber zu sprechen bereit sind, geben zu, dass offenbar in ungefähr 60 Prozent aller Fälle Pestizide im Trinkwasser nachweisbar seien, und das sogar oft genug oberhalb der zulässigen Grenzwerte.

Wer jetzt allerdings glaubt, dass er mit Mineralwässern aus der Flasche, die teuer unter wohlklingenden Namen verkauft werden, auf der sicheren Seite ist, befindet sich schon oft genug im Irrtum. Auch in diesen Mineralwässern finden sich Verunreinigungen und manchmal sogar Bakterien. Denn letzten Endes stammen sie aus den gleichen Quellen wie Leitungswasser auch.

So ist es kein Wunder, daß wohl mehr als 30 Prozent aller deutschen Mineralwasserproduzenten ihr »natürliches Wasser« zunächst mit Ozon behandeln und es dann über Aktivkohlefilter laufen lassen. Dadurch werden zwar Chemikalien wie Pestizide oder chlorierte Lösungsmittel aus diesem Lebensmittel entfernt, aber auch die Natürlichkeit bleibt auf der Strecke.

Wasser an sich ist bereits schon ein riesiges Geschäft und wird es in Zukunft immer noch mehr werden. Allein von dem französischen Konzern Lyonnaise des Eaux sind mehr als 40 Millionen Menschen weltweit abhängig; denn die Wasserwerke dieses Konzerns arbeiten nicht nur in Frankreich, sondern auch in Südamerika oder Australien. Wird das Wasser noch knapper, werden immer größere Teile der Bevölkerung in den Würgegriff dieser Konzerne kommen, zu denen auch die deutschen Energieversorger zählen, die sich die Rechte an der Wasserversorgung über Jahre hinaus gesichert haben. Eine starke Lobby kämpft außerdem dafür, dass die Politiker immer mehr Verschmutzungen erlauben und der Anteil des Retortenwassers weltweit wächst. Den Komplizen Kunde stört das aber nicht, solange nur seine Kosten nicht steigen.

Waffenhandel schafft Arbeitsplätze

Die Deutschen geben sich ja gern immer besonders friedliebend. Das ist natürlich gelogen. Wie aus der jährlichen Statistik des Forschungsdienstes des US-Kongresses (CRS) hervorgeht, war im Jahre 1998 zwar die USA der größte Waffenexporteur der Welt, es wurden dort Waffen im Wert von 7,1 Milliarden US-Dollar verkauft, aber auf Platz zwei lagen gleich die besonders friedlichen Deutschen, bei denen die Neuverkäufe an Waffen einen Wert von 5,5 Milliarden US-Dollar hatten.

Natürlich höre ich gleich schon wieder die deutschen Politiker im Chor mit den Unternehmern und mit den Gewerkschaftern aufschreien, dass Waffenproduktion Arbeitsplätze schaffe und man deshalb geradezu verpflichtet sei, Waffen zu produzieren und zu verkaufen. Was der Kunde dann damit macht, ob er Frauen und Kinder in die Luft sprengt, sie verstümmelt oder sie auch nur unter Androhung von Gewalt aus ihren Häusern jagt, das ist den Herstellern und allen, die hinter ihnen stehen, natürlich vollkommen egal. Hauptsache, es kommt Geld rein, und wenn Geld reinkommt, ist jeder gern bereit, bei Schandtaten die Augen zuzudrücken.

Immerhin profitieren vom Einsatz deutscher Waffen schließlich auch die deutschen Medien, indem sie nämlich dann darüber berichten können, was alles Schreckliches in anderen Ländern passiert und wie gut die Deutschen es doch in Deutschland haben. Als Krönung des Ganzen wird man eine Spendenaktion veranstalten, damit einige der Krüppel, die die deutschen Waffen übrig gelassen haben, wenigstens in ein Krankenhaus gehen können, um sich eine Prothese ansetzen zu lassen. Das hört sich nicht nur drastisch an, sondern ist es auch.

Schließlich sind es die großen deutschen Konzerne, die Waffen herstellen und die für die Entwicklung neuer Waffen sogar noch staatliche Subventionen erhalten. Es wird keiner auf seinen schönen, nagelneuen Mercedes verzichten, bloß weil die Deutsche Aerospace ein noch präziseres Zielsystem für ferngesteuerte Raketen entwickelt hat. Damit wird jeder deutsche Kunde ein Komplize der großen Konzerne, die ihre Geschäfte letzten Endes wieder auf den Knochen armer Länder und erst recht armer Menschen machen.

Die Selbstbedienungsmentalität der Manager und Mitarbeiter

Der Komplize Kunde ist so stark in seiner Mitmach-Mentalität gefangen, dass er es so gut wie nie merkt, wenn man ihm das Fell über die Ohren zieht. Die bei der Inventur eines Ladens festgestellten Verluste werden gern als Ladendiebstahl verbucht. Wenn etwas fehlt, ist der Kunde schuld. Deshalb wird jeder Kunde, der ein Kaufhaus betritt, erst einmal wie ein potenzieller Ladendieb behandelt. Die eigenen Mitarbeiter sind offiziell die reinsten Engel. Dabei haben die großen Konzerne für die Wirtschaftsstraftaten der eigenen Mitarbeiter und Manager schon ein hübsches Wort erfunden, es heißt »Vertrauensschaden«.

Von solchen Vertrauensschäden gab es im Jahre 1998 in Deutschland rund 600 000. Der durch Manager und Mitarbeiter verursachte Schaden wird dabei auf 10,8 Milliarden DM geschätzt. Vor rund zehn Jahren lag die Zahl noch bei 260 000 Fällen mit einem Schaden von 1,8 Milliarden DM. Allein im Einzelhandel werden von den Mitarbeitern jährlich Waren im Werte von rund 2,5 Milliarden DM geklaut. Für rund 40 Prozent der sogenannten Inventurverluste sind Mitarbeiter und Lieferanten verantwortlich. Dabei wird höchstens jeder zehnte Fall aufgedeckt, so dass die Dunkelziffer bei rund 90 Prozent liegt.

Aber kein Unternehmen möchte etwas über untreue Mitarbeiter und Manager nach draußen dringen lassen. Denn in den meisten Fällen sind es nicht die neu eingestellten, sondern die langjährigen Mitarbeiter, die das Gefühl haben, sich durch Selbstbedienung das verschaffen zu müssen, was ihnen Unternehmen und Vorgesetzte vorenthalten. Wer sich ungerecht behandelt fühlt und sich am Unternehmen rächen möchte, tut dies am einfachsten, wenn er etwas mitgehen lässt. Das gilt auch für abgelehnte Gehaltsforderungen, die ein solches Verhalten geradezu herausfordern.

Da die einfachen Angestellten und Arbeiter immer noch die Mehrheit der Beschäftigten eines Unternehmens ausmachen, tauchen sie zwangsläufig in der Statistik häufiger auf als die Topmanager. Aber gerade diese schaffen es, durch Korruption, Untreue, Betrug und Urkundenfälschung gleich Millionenbeträge zur Seite zu schaffen. Zu Hilfe kommt ihnen dabei die Tatsache, dass sie besonders leicht durch Kontrollsysteme schlüpfen können, da diese ja von ihnen selbst erfunden worden sind. Konzerne behandeln also nicht nur ihre Kunden schlecht, sondern auch ihre Mitarbeiter, die sich dann so oder so rächen.

Die »vergessene« Dienstleistung Mitmenschlichkeit

Der globale Wettbewerb übt einen unerbittlichen Druck auf alle Fürsorgedienstleistungen aus, die das unsichtbare Herz der menschlichen Entwicklung darstellen. Fürsorgearbeit – Sorge für Kinder, Kranke und ältere Menschen, aber auch für alle, die von den Anforderungen des täglichen Lebens erschöpft sind – ist ein wichtiger Faktor für den Aufbau menschlicher Fähigkeiten. Sie ist aber auch ein Wert an sich. Sie ist etwas ganz Besonderes, sie hegt und pflegt die Beziehungen zwischen Menschen, motiviert durch Liebe, Altruismus, Gegenseitigkeit und Vertrauen. Ohne ausreichende Fürsorge könnten die meisten Menschen nicht gedeihen.

Ohne Aufmerksamkeit und Stimulierung kümmern Kleinkinder vor sich hin und können ihr volles Potenzial nicht entwickeln. Ohne Unterstützung durch ihre Familien lassen die Schulleistungen von Kindern nach. Menschliche Unterstützung für andere ist nicht nur wichtig für den sozialen Zusammenhalt und eine starke Gemeinschaft, sondern auch für das Wirtschaftswachstum. Aber der Markt hält wenig Anreize und Belohnung hierfür bereit.

Überall haben die Gesellschaften den Frauen einen großen Teil der Verantwortung für die Fürsorge aufgebürdet: Global gesehen verbringen Frauen zwei Drittel ihrer Arbeitszeit mit unbezahlten Tätigkeiten, Männer nur ein Viertel. In Fürsorgeberufen und als Hausangestellte sind hauptsächlich Frauen tätig. Familien, Staaten und Konzerne profitieren von den – unbezahlten oder unterbezahlten – Fürsorgetätigkeiten, die hauptsächlich von Frauen geleistet werden.

Aber der Wettbewerb auf den globalen Märkten verstärkt heute den Druck auf Zeit, Ressourcen und Anreize, die für die Erbringung von Fürsorgetätigkeiten zur Verfügung stehen. Der Anteil von Frauen im Arbeitsmarkt wächst, aber dennoch tragen sie weiter die Hauptlast der Fürsorge: Frauen leisten nach wie vor viele Stunden unbezahlter Arbeit.

In Bangladesch arbeiten Frauen in der Bekleidungsindustrie 56 Stunden pro Woche an ihrem bezahlten Arbeitsplatz und leisten weitere 31 Stunden unbezahlte Arbeit; damit kommen sie auf eine Wochenarbeitszeit von 87 Stunden, während es bei Männern 67 Stunden sind. Der Anteil von Männern an der unbezahlten Arbeit nimmt in Europa und anderen OECD-Ländern langsam zu, aber in den meisten Entwicklungsländern und in Osteuropa ist dies nicht der Fall.

Gleichzeitig reduzieren Haushaltszwänge das Angebot staatlicher Fürsorgedienste. Das Steueraufkommen sank in den armen Ländern von 18 Prozent des Bruttoinlandsprodukts zu Beginn der Achtzigerjahre auf 16 Prozent in den Neunzigerjahren. Die öffentlichen Dienstleistungen verschlechterten sich erheblich, verursacht durch wirtschaftliche Stagnation und Strukturanpassungsprogramme oder den Abbau staatlicher Dienste, vor allem in den Übergangswirtschaften Osteuropas und der GUS.

Auch die Entlohnung der Fürsorgearbeit geriet durch den globalen ökonomischen Wettbewerb unter Druck, weil sich das Lohngefälle zwischen den marktorientierten und den nicht marktorientierten Sektoren sowie zwischen den gelernten und ungelernten Arbeitskräften verschärfte. Welche Folgen das auch in den wirtschaftlich hoch entwickelten Ländern hat, sieht man am Beispiel der Krankenhäuser. Patienten müssen anderen Patienten helfen, weil es nicht genug Schwestern und Pfleger gibt. Persönliche Zuwendung wird durch Gegensprechanlagen und Videoüberwachung ersetzt.

Natürlich liegt das im Interesse der globalen Konzerne, die Produkte und nicht menschliche Zuwendung verkaufen wollen. Ein Beispiel für den Ersatz von persönlicher Zuwendung durch Produkte sind auch die vielen Fertiggerichte. Geselliges Essen als Teil der Lebensqualität wird durch isolierte Nahrungsaufnahme ersetzt.

Wenn die Fürsorge für Kinder, Alte und Behinderte unter dem Druck der Interessen der globalen Konzerne in den weniger entwickelten Ländern zerbricht, wird dies ernsthafte Auswirkungen auf den gesamten gesellschaftlichen Zusammenhalt haben. Fürsorge bedeutet auch Verantwortung. Verantwortungslosigkeit als Prinzip ist der Nährboden für alle Formen von Gewalttätigkeit. In einer ausschließlich an ökonomischen Werten ausgerichteten Welt kann das verheerende Folgen haben. Konzerne brauchen keine Mitmenschlichkeit, aber Menschen. Konzerne sind abstrakt, heimatlos und seelenlos. Sie kaufen, was sie brauchen.

Es wäre nur zu wünschenswert, wenn die Menschen in den industrialisierten Ländern erkennen würden, dass sie der Ökonomie, dem Wirtschaftswachstum als alleinigem Maßstab für Lebensqualität mehr geopfert haben als nur ihre Arbeitszeit und ihre Umwelt. Hier bekommt das Verhältnis zwischen Kunde und Konzern eine politische und philosophische Dimension, für die die Kompetenzen bei anderen liegen.

Nur dürfen sich diejenigen in den verschiedenen Gesellschaften, die für die Bearbeitung von Sinnfragen zuständig sind, nicht von wirtschaftlichen Aspekten vereinnahmen lassen, sondern müssen sich unabhängig machen und den Konzernen wieder die Funktion zuweisen, die sie ursprünglich hatten, den Kunden und damit den Menschen zu dienen. Früher auf nationaler Ebene und heute in globaler Dimension.

Die Fallen der Konzerne

Wenn die großen Konzerne im globalen Maßstab nicht daran interessiert sind, Produkte für die Mehrheit der potenziellen Kunden herzustellen oder diese Menschen auf andere Weise als zukünftige Kunden aufzubauen, sondern sich stattdessen mehr mit Finanzgeschäften befassen und mehr für die Wettbewerber und für Fusionen interessieren, dann taucht die Frage auf, wie die Konzerne sich in den gesättigten und wettbewerbsintensiven Märkten der hoch entwickelten Länder verhalten. Passiert hier nun das große Wunder? Leider nicht.

Konzerne sind Systeme mit Regelmechanismen, die weder besonders schnell reagieren noch besonders gut auf äußere Beeinflussungen ansprechen. Sie sind auf innere Abläufe und Impulse fixiert. Da innerhalb eines Konzerns eine Niederlassung, ein Bereich oder eine Abteilung nie unabhängig von anderen agiert, ist der Bewegungsspielraum für jede dieser Einheiten stark beschränkt.

Eine Kurskorrektur um 90 oder gar um 180 Grad ist unmöglich. Veränderungen spielen sich in Bereichen von maximal fünf Grad-Bewegungen ab. Neue Produktideen müssen also lange innerhalb eines Konzerns reifen und unendlich viele Stationen durchlaufen, bevor sie dann als Kompromiss – oft zu spät – auf den Markt kommen. Das Gleiche gilt für Dienstleistungen und Serviceleistungen.

Dabei spielt natürlich auch das in Deutschland immer noch beliebte hierarchische System eine große Rolle. Auch wenn es inzwischen andere Namen bekommen hat und das »Team« eine Blütezeit erlebt, die Bremswirkung innerhalb der konzerninternen Entscheidungsabläufe ist nach wie vor groß. Was tut man, wenn man einerseits gar nichts verändern will, wenn die, die wollen, nicht können und die, die können, nicht dürfen?

Man beginnt die Wirklichkeit umzudeuten, sich selbst und andere zu belügen, und man versucht, wie der Wettbewerber auch, dem Kunden statt mit Leistungen mit allen möglichen Tricks das Geld aus der Tasche zu ziehen. Zu diesem Zweck stellt man ihm möglichst viele Fallen, denn in eine wird er mit Sicherheit hineintappen.

Die »Macht-der-Verbraucher«-Fallen

Kein Märchen hört der König Kunde lieber als die Geschichte von der schönen, neuen Käuferwelt, in der alle Preise fallen und die Qualität der in Überfluss zur Verfügung stehenden Waren ebenso bis in die Unendlichkeit steigt wie ihre Leistungsfähigkeit. Niemand erzählt dem König Kunden dieses Märchen mit größerer Begeisterung als der Handel mit seinen unzähligen Sonderangeboten und die Hersteller mit ihrer Vielfalt von Marken und Produkten.

Dabei bedienen sie sich mit Vorliebe solcher Medien, die bei den Verbrauchern hohe Glaubwürdigkeit besitzen. Der *Stern* berichtete Anfang 1999 gleich in einer ganzen Serie über die Macht der Verbraucher, was seine Anzeigenkunden, die ja schließlich das Heft bezahlen, und nicht die Leser, wie diese manchmal glauben, mit großer Freude erfüllte.

Als Hauptursache für die fallenden Preise wird immer und überall gern der Konkurrenzkampf unter den global operierenden Firmen genannt, der so groß sei, dass die Waren so billig würden wie nie zuvor. Wie kommt es dann aber, dass gerade die Aktienkurse dieser global operierenden Firmen immer weiter in die Höhe klettern, dass die Gewinne, die sie Jahr für Jahr aufweisen, immer wieder neue Rekordhöhen erreichen und die vergangenen Jahre um viele Prozent hinter sich lassen, und wie kommt es, dass die Aktionäre diese Leistungen der Vorstände mit immer höheren Gehältern und Aktienoptionen belohnen?

Keine Preissenkungen ohne Einsparungen

Wenn eine kleine Manufaktur ihre Produkte, nehmen wir als Beispiel eine Buchbinderei, immer billiger verkauft, wird immer weniger Geld in die Kasse kommen und der Verdienst wird sinken. Wie kann es nun sein, dass bei großen Konzernen bei sinkenden Preisen der Gewinn steigt? Irgendwo muss in der gesamten Produktionskette an einer oder an mehreren Positionen gespart werden und das nicht zu knapp.

In Deutschland spart man am liebsten bei den Mitarbeitern. Je mehr Mitarbeiter aus einem Unternehmen rausfliegen, desto besser entwickelt sich der Aktienkurs. Der Verbraucher kann sich also nur so lange über sinkende Preise freuen, bis es ihn eines Tages selbst erwischt und er auch auf der Straße sitzt, wie seine Nachbarn vielleicht schon vorher. Damit schneiden sich die großen Konzerne natürlich ins eigene Fleisch, denn wer nichts mehr verdient, kann auch nichts mehr konsumieren. Aber in Deutschland herrscht ja das Prinzip Hoffnung, dass es immer den anderen erwischt und nicht einen selbst.

Meist trifft es die Armen und die Umwelt

Man braucht sich bloß einmal eine Liste der Produkte anzugucken, die heute soviel günstiger als früher sind oder zumindest zu sein scheinen, dann weiß man gleich, wer dafür bezahlen muss. Der Erdölpreis ist real niedriger als vor der ersten Ölkrise im Jahre 1973. Das kommt unter anderem daher, dass man neue Quellen aufgetan hat, zum Beispiel in Afrika, wo man jetzt beim Heraufpumpen des Öls unendlich große Flächen für viele Jahre mit Öl und Dreck verseucht. Den Preis zahlen also die Menschen mit ihrer Umwelt in den weniger entwickelten Ländern.

Wenn man möchte, kann man für weniger als 400 DM nach New York fliegen. Wer zahlt dafür? Die Umwelt wird bei jedem Flug so stark verschmutzt, als wenn jeder der Passagiere ein ganzes Jahr lang mit einem 38-Tonnen-Lastzug zur Arbeit und zum Einkaufen fahren würde. Die Umweltkosten muss im Zweifelsfall die nächste Generation tragen und gesundheitlich ertragen. Aber noch mehr Leute subventionieren diese billigen Interkontinentalflüge, nämlich diejenigen, die zum Beispiel innerhalb Deutschlands nur kurze Strecken fliegen wollen.

Ein Flug von Hamburg nach Stuttgart und zurück kostet rund 700 DM. Okay, werden viele sagen, warum soll ich von Hamburg auch nach Stuttgart fliegen, wenn ich für den halben Preis schon nach New York komme. Aber nur wenige können sich wirklich aussuchen, wo die nächste geschäftliche Besprechung stattfinden soll. Kurzstreckenflüge subventionieren Langstreckenflüge, weil es dabei um Marktanteile und um Verdrängungswettbewerb geht.

Nicht billige, sondern realistische Preise

Telefongespräche sind zum Teil um 70 Prozent billiger geworden. Nicht billiger, würde ich sagen, sondern sie haben endlich einen realistischen Preis gefunden. Also anders herum betrachtet hat die Deutsche Telekom ihre Kunden über Jahre und Jahrzehnte hinweg gnadenlos abgezockt, hat sich ihren uneffektiven Beamtenapparat bezahlen lassen und das Geld mit vollen Händen zum Fenster hinausgeworfen. Wenn etwas billiger wird, kann es tatsächlich manchmal auch bedeuten, dass jemand auf unmäßige Gewinne verzichtet oder endlich anfängt, wirtschaftlich zu produzieren, wie es bei der Telekom dank der neuen Konkurrenten auf dem Markt jetzt endlich der Fall ist.

Schweinefleisch ist heute so billig wie seit fünfzig Jahren nicht mehr. Wie kommt das? Vor fünfzig Jahren wurden die Schweine einerseits noch anständig ernährt und nicht mit Klärschlammprodukten als Tierfutter vollgestopft, wie es ja zum Teil geschehen ist und wohl noch immer geschieht. Vor fünfzig Jahren hatte Fleisch noch Geschmack und Fleischstücke waren keine aufgeblähten Wasserprodukte. Und vor fünfzig Jahren haben die Bauern wirklich noch am Verkauf des Fleisches verdient und sich nicht aus dem großen Topf der Subventionen bedient, die heute ihre eigentliche Einnahmequelle ausmachen. Insgesamt wäre es heute billiger, die Bauern würden nicht mehr produzieren und nur noch Subventionen bekommen, dann gäbe es vielleicht von den wenigen verbleibenden Fleischproduzenten wieder vernünftige Ware.

Die Tiermastfabriken sind außerdem Umweltschädlinge ersten Ranges. Die ungeheuren Mengen an Schweineexkrementen verseuchen vielerorts schon das Grundwasser und, um es sich einmal deutlich zu machen, die Anwohner trinken dann das aus dem Wasserhahn, was bei den Schweinen hinten herausgelaufen ist, um im Supermarkt die Koteletts ein paar Pfennige billiger zu bekommen. Hier sind die Verlierer eindeutig der Verbraucher und der Steuerzahler.

Leonhard H. Fischer vom Vorstand der Dresdner

Bank hat es gewagt, dem *Stern* (7/1999) ganz knapp die Wahrheit zu sagen: »Wir haben einen realen Wohlstandszuwachs auf Kosten all dieser Krisenregionen bekommen.« Damit meint er die Länder Asiens und Lateinamerikas, in denen der Verbrauch von Rohstoffen zurückgegangen ist zum Vorteil Europas und der USA. Nun sind es ja nicht einfach Länder, in denen Verbräuche zurückgehen. Es sind Menschen, die Arbeitsplätze verlieren, deren Löhne sinken, die weniger produzieren und weniger konsumieren können. Die kundenfeindlichen Konzerne nehmen also wieder den Armen, um den reichen Ländern zu geben.

In Deutschland waren 1999 Eigentumswohnungen so billig wie schon lange nicht mehr. Der Grund lag darin, dass in den Jahren vorher rund 1,1 Millionen Wohnungen zum Weiterverkauf gebaut worden waren, die, besonders in Ostdeutschland, am Bedarf vorbei zielten. Auf wessen Rücken wurde hier die Preissenkungen ausgetragen? Zunächst einmal auf den Knochen der Bauhandwerker. Deutsche kamen wegen ihrer hohen Löhne immer weniger zum Zuge, Ausländer mussten zu Dumpingpreisen schuften. Es kamen weniger Steuern in die Kassen und der Steuerzahler hatte insgesamt das Nachsehen.

Wer hat die Eigentumswohnungen finanziert? In der Mehrzahl waren es Mittelverdiener mit Bausparverträgen. Der so genannte kleine Mann, der sich freute, sich nun endlich auch einmal eine Wohnung leisten zu können, wurde zunächst im Rahmen der Finanzierung dieser Wohnungen abgezockt und musste sie dann noch mit Abschlag verkaufen, weil er sie sich nicht mehr leisten konnte oder arbeitslos wurde. Ein Grund zur Freude ist das für die meisten Beteiligten nicht, nur für die, die ohnehin im Geld schwimmen,

also für die Reichen, die wieder einmal auf Kosten der
Armen noch reicher werden können.

Die Lüge mit dem Stundenlohn

Um dem Verbraucher das Märchen vom König Kunde besonders schmackhaft zu machen, rechnet man
gern aus, welchen Warenwert der Lohn hat, das heißt:
Wie viele Stunden oder Minuten muss ein durchschnittlicher Arbeitnehmer arbeiten, um sich eine bestimmte Ware oder Dienstleistung kaufen zu können?
Vergleicht man 1960 mit 1999, also fast eine Zeit-
spanne von 40 Jahren, so ergeben sich einige überra-
schende Erkenntnisse.

Die erste Erkenntnis, die aber keineswegs neu ist,
lautet: Mit Statistiken kann man wunderbar lügen.
Der durchschnittliche Arbeitnehmer hat im Jahre
1960 netto 2,49 DM pro Stunde verdient. Der durchschnittliche Arbeitnehmer im Jahre 1999 liegt bei einem Nettostundenlohn von 23,28 DM. Wenn wir von
diesen Zahlen ausgehend die Preise für bestimmte
Waren betrachten, kommen wir zunächst zu dem Ergebnis, dass der durchschnittliche Arbeitnehmer
ebenfalls im Durchschnitt für alle Waren rund 75 Prozent weniger zahlen muss als vor rund 40 Jahren. Das
kann aber auch ein Trugschluss sein.

1960 arbeitete noch der größte Teil der deutschen
Bevölkerung in der Landwirtschaft und in der Produktion. Das heißt, die Mehrheit der Arbeitnehmer
wurde verhältnismäßig schlecht bezahlt. Heutzutage
arbeiten die Deutschen mehrheitlich in Büroberufen
und kaum noch in der Landwirtschaft. Dadurch hat
sich natürlich auch der aus allen Einkommen gebil-

dete Durchschnitt verschoben. Außerdem klaffen zwischen den hohen und den niedrigen Einkommen wesentlich größere Lücken als 1960. Heute verdient der durchschnittliche Arbeitnehmer generell mehr, einfach weil er auch andere Tätigkeiten versieht als 1960.

Würde man die Kaufkraft, die eine Arbeitsstunde eines Landarbeiters im Jahre 1960 hatte, mit der Kaufkraft einer Arbeitsstunde eines Landarbeiters 1999 vergleichen, wäre das Ergebnis längst nicht so rosig. Und würde man zum Beispiel den Nettostundenlohn eines Personalleiters in einem großen Unternehmen zugrunde legen, so käme man sicher noch zu ganz anderen Ergebnissen. Man muss also vorsichtig sein, wenn man von durchschnittlichen Nettolöhnen als Vergleichbasis ausgeht.

Die Lüge mit dem Warenkorb

Aber schauen wir doch einmal in den Warenkorb, um festzustellen, wie sich die Preise welcher Produkte tatsächlich verschoben haben. Landwirtschaftliche Produkte sind ganz erheblich im Preis gefallen. Ganz vorn stehen dabei die Brathähnchen, die ja heute wohl nur noch aus der Batteriehaltung stammen, sie sind im Preis um 90 Prozent gefallen. Die Eierpreise gingen um 85 Prozent zurück. Rindfleisch, Butter und Milch gibt es im Rahmen der EU heute im Überfluss, also sind dank erheblicher Subventionen auch hier die Preise um mindestens 75 Prozent, bei Butter sogar um 87 Prozent gefallen.

Anders ist es bei einigermaßen lohnintensiven Nahrungsmitteln, wie zum Beispiel Brot. Hier ging der Preis nur um 50 Prozent nach unten, obgleich Brot ja auch kaum noch von Hand beim Bäcker an der Ecke hergestellt wird, sondern in großen Fabriken. Erstaunlich ist, dass die Fischpreise, zum Beispiel für ein Kilogramm Kabeljau, nur um neun Prozent sanken. Das deutet darauf hin, dass diese Produkte einerseits knapp und andererseits immer noch verhältnismäßig aufwendig zu beschaffen sind. Kaffee ging um fast 90 Prozent im Preis zurück, denn für die Produktion von Kaffeebohnen kann man ja wieder einige weniger entwickelte Länder ausbeuten.

Auch Produkte wie Kühlschrank und Waschmaschine sanken um fast 80 Prozent im Preis. Das mag daran liegen, dass man 1960 solche Geräte erstens noch nicht in Massenproduktion herstellte und zweitens sie noch für eine kleine Ewigkeit baute, sie also so zusammensetzte, dass man sie reparieren und Einzelteile austauschen konnte, was heute keineswegs immer und überall der Fall ist. Erstaunlich ist, dass die Kosten für eine Tageszeitung nur um 19 Prozent gefallen sind. Offensichtlich sind die Gehälter der Journalisten überproportional gestiegen oder aber die Gewinne der Verlage sind es.

Man darf nicht unberücksichtigt lassen, dass sich die Qualität vieler Produkte seit 1960 bis heute verändert hat. Manches ist besser geworden, manches aber auch nicht. Uhren hatten 1960 alle noch mechanische Werke, die entweder automatisch oder von Hand aufgezogen wurden. Natürlich gab es damals auch schon erhebliche Preisunterschiede.

Heute haben die billigen Uhren alle ein elektronisches Quarzwerk und werden von einer kleinen Batterie betrieben. Lebt die Uhr tatsächlich länger als die Batterie, kommen auf einmal Unterhaltskosten dazu. Und eine Quarzuhr läßt sich nicht reparieren oder nur zu exorbitant hohen Preisen. Dass man sie, wie es früher üblich war, zum Uhrmacher an der Ecke bringt, den es heute sowieso nicht mehr gibt, und sie für ein paar Mark reparieren lässt, diese Zeiten sind vorbei. Dafür ist der Preis für eine Billiguhr auf unter 20 DM gesunken, während er 1960 immer noch bei rund 50 DM lag.

Was man gleichfalls berücksichtigen muss, ist, dass der Warenkorb sich heute ganz anders zusammensetzt als 1960. Wenn man sagt, dass die Rundfunkgebühr um 57 Prozent gesunken ist, dann vergisst man leicht, dass heute die überwiegende Mehrzahl der Haushalte ordentlich für einen Kabelanschluss blechen muss, mit dem sie zwar viel mehr Programme empfangen, aber doch immer nur jeweils eines sehen kann. Über die Kosten, die im Zusammenhang mit einem Computer stehen und erst recht im Zusammenhang mit der Nutzung des Internets, brauchte man sich 1960 noch keine Gedanken zu machen.

In die Betrachtung der Warenpreise im Verhältnis zum durchschnittlichen Nettostundenlohn fließen auch alle Überlegungen nicht ein, die mit Wertstabilität, Wiederverkaufswert, Haltbarkeit, Dauer der Brauchbarkeit und Reparaturfähigkeit zusammenhängen. Es ist doch zum Beispiel erstaunlich, dass ein Maurer oder ein Elektriker mit seinem Nettogehalt nicht in der Lage ist, selbst einen Handwerker zu bezahlen, weil die Kosten, zu denen seine Leistung verkauft wird, so viel höher sind als sein Nettolohn. Offensichtlich sind Dienstleistungen und handwerkliche Leistungen gegenüber 1960 ganz erheblich im Preis gestiegen.

Also lassen Sie sich nicht in die Preisfalle locken.

Wenn etwas billiger ist, hat es seinen Grund. Es wird subventioniert, es werden dafür andere Menschen ausgebeutet oder es gibt eine Massenproduktion, die andere Ressourcen verbraucht und daher sicherlich nicht gerade umweltfreundlich ist. Wie heißt es in Deutschland so schön: »Von nichts kommt nichts.«

Nicht intelligent, sondern Hauptsache billig – Die Preisfalle

Der Preis ist für den Deutschen das zentrale Thema bei allen Käufen und Beschaffungen, die er tätigt. Nicht Qualität und Leistung stehen im Vordergrund, sondern immer nur der Preis. Erfolgserlebnisse beim Kauf stellen sich für den Deutschen offensichtlich nur dann ein, wenn er den Eindruck hat – und diesen Eindruck auch anderen Leuten vermitteln kann –, dass er besonders günstig gekauft hat. Das gilt für ein Bund Suppengrün auf dem Wochenmarkt ebenso wie für das neue Porsche-Kabriolett.

Diese Denkweise ist für einen Japaner ganz schwer nachzuvollziehen. Natürlich bin auch ich nicht bereit, mein Geld zum Fenster hinauszuwerfen, sondern ich erwarte sehr wohl, dass mir ein Gegenwert geboten wird. Aber ich kann nicht einsehen, dass ich, nur um sagen zu können, ich hätte besonders billig eingekauft, auf immer mehr Gegenwert verzichte. Das meine ich, wenn ich sage, die Deutschen kaufen nicht intelligent, sondern nur billig ein.

Kein Hersteller und kein Händler hat etwas wirklich zu verschenken. Jeder wird seinen Gewinn machen wollen und er macht ihn auch; denn sonst wären die Geschäfte in den deutschen Innenstädten pleite, könnten die Aktiengesellschaften keine Dividenden zahlen und erst recht nicht ihre wasserkopfähnlichen Großverwaltungen finanzieren. Obgleich also alles billig ist und immer noch billiger wird, werden Gewinne gemacht, gegen die ich auch überhaupt nichts einzuwenden habe. Denn sie sind das Ziel wirtschaftlicher Tätigkeit. Wogegen ich nur etwas habe, ist, wenn diese Gewinne auf Kosten anderer und wehrloser Menschen erzielt werden.

Die Deutschen wundern sich immer, dass die Verkäufer keine Ahnung von den Produkten haben. Sie wundern sich, dass die Servicetelefone mit Nieten besetzt sind, von denen man dreimal verschiedene Auskünfte bekommt, wenn man dreimal mit derselben Frage anruft und jedesmal bei einem anderen »Kundenberater« landet. Intelligentes Einkaufen bedeutet für mich, nach Qualität und Leistung zu fragen, dann nach der Dienstleistung und erst dann nach dem Preis – und nicht nur nach dem Preis.

Nur die Einstiegspreise zählen, nicht die Folgekosten

Das Auto ist nach meiner Kenntnis eines der wenigen Produkte, bei denen die deutschen Verbraucher auch auf die Folgekosten achten. Steuern, Versicherung, Kraftstoffverbrauch, das sind die Folgekosten, die die meisten noch im Blick haben. Weniger scharf sind die Vorstellungen schon bei den Werkstattkosten, der Reparaturhäufigkeit und beim Wiederverkaufswert. Völlig aus dem Blick verschwunden sind für den Deutschen die Betriebskosten, also solche Kostenpositionen wie zum Beispiel Reifen.

Auch bei den Reifen gibt es Qualitätsunterschiede, was Verschleiß und natürlich erst recht Sicherheit angeht. Meines Wissens sind die Deutschen absolute Reifenmuffel. Wenn der erste Reifensatz, der vom Werk montiert wurde, runtergefahren ist, kaufen sie am liebsten billige Reifen aus dem Sonderangebot, da Reifen in Deutschland einfach kein Image haben.

Die meisten Autofahrer bringen viel zu wenig Fantasie auf, um sich vorzustellen, wie weit ihr Leben und ihre Gesundheit von den vier schwarzen Gummiringen abhängt, auf denen ihr Auto steht. Deshalb fahren die Deutschen auch im Winter mit Vorliebe mit Sommerreifen.

Ich kenne viele Besserverdienende, die ihre Neuwagen mit Schnickschnack jeder Art aufladen und locker 20 000 bis 30 000 DM für Zubehör ausgeben. Das Einzige, was sie nicht kaufen, sind Winterreifen. Und sie ärgern sich im nächsten Winter höllisch, wenn ihr 80 000-DM-Auto nur noch dadurch zu bremsen war, dass sie es seitlich gegen die Leitplanke drückten.

Aber nicht nur Autos haben Folgekosten, auch Häuser, die instand gehalten werden wollen, und selbst Urlaubsreisen, wenn man sich nämlich irgendeine hässliche Infektion holt, nur weil man ein paar Mark an Mineralwasser sparen wollte oder auf eine sinnvolle Schutzimpfung verzichtete.

Die Folgekosten bei Häusern oder Eigentumswohnungen sind natürlich gravierend, wenn man an der Wärmedämmung spart zugunsten von schmiedeeisernen Ziergittern, zugunsten von albernen Türmchen und Erkerchen oder wenn man sein Geld lieber statt in eine vernünftige Heizung in die berühmten goldenen Wasserhähne steckt.

Protzen statt Werterhalt

Der Hang zum Protzen frisst bei den Deutschen das Gehirn auf. Die gesamte deutsche Möbelindustrie lebt von diesem Protzwahn. Sei es nun im Privatbereich oder im Büro, selbst die teuersten Möbel haben, sind sie erst einmal ausgeliefert wurden, nicht einmal mehr Brennwert. Denn furnierte Spanplatten taugen zum Heizen nur bedingt, besonders wenn man eine Öl-Zentralheizung hat.

Ich habe wirklich nur ein einziges Mal erlebt, dass jemand eine PR-Agentur intelligent möbliert hat. Und zwar war es ein Schweizer, der seine Mitarbeiter nicht an modernen, chicen Designermöbeln schaffen ließ, sondern an Antiquitäten. Das mag manchmal etwas unpraktisch gewesen sein, aber diese Möbel behielten ihren Wert und erzielten sogar noch einen Zuwachs. Dieser Mensch hat wirklich an die Folgekosten gedacht oder genauer gesagt in diesem Fall an die Folgegewinne. Aber wer sonst kauft in Deutschland schon Möbel, deren Wert wächst? Niemand. Stattdessen werden durchaus nicht billige Möbel angeschafft, die nach ein paar Jahren wieder durch neue, in neuen Formen und neuen Farben ersetzt werden.

Das Gleiche gilt für Uhren und Schmuckstücke. Früher war eine Uhr teuer, sie konnte repariert werden, und das Beste daran war, sie konnte auch vererbt werden. Viele Markenuhren aus den Dreißiger- und Vierzigerjahren und selbst aus den Fünfzigern und Sechzigern sind heute gesuchte Sammlerstücke. Das wird dem quarzgesteuerten Massenschrott nicht widerfahren. Selbst mehrere hundert oder gar mehrere tausend Mark teure Uhren mit höchstem Imagewert werden in wenigen Jahren schlicht im Mülleimer verschwinden. Mögliche Reparaturkosten überschreiten ihren Wert bei weitem, die »Wertstücke« sind unansehnlich und irgendwann ganz einfach out.

Gleiches gilt doch auch im Prinzip für Lederwaren und bestimmte Kleidungsstücke und natürlich auch für Geschirr und andere Haushaltsgegenstände. Selbst bei der Kunst setzt die Mehrzahl der Deutschen auf schnell vergängliche Wegwerfware, auf Bilder, bei denen der Rahmen teurer ist als der zigtausendfach vervielfältigte und »signierte«, wenn man den Bleistiftstrich so nennen mag, Kunstdruck. Welcher Deutsche – von wenigen Ausnahmen in der Oberschicht abgesehen – besitzt denn noch außer einer unverwüstlichen Zuckerdose Geschirr seiner Eltern oder Großeltern? Und welcher Deutsche möchte so etwas überhaupt besitzen?

Die Verschwendung von Werten dadurch, dass man nur auf die Einstiegspreise achtet und nicht auf Folgekosten oder den Werterhalt, muss nicht nur in Deutschland, sondern in den meisten großen und reichen Industrienationen gewaltig sein. Die meisten Dinge, mit denen sich die Deutschen umgeben, sind nicht von bleibendem Wert.

Der globale Einheitspreis

Normale Durchschnittskunden merken es meist nur im Urlaub. Überall in Europa und zum Teil überall auf dem Globus gibt es die gleichen Markenartikel zu kaufen. Der einzige Unterschied besteht darin, dass sie überall unterschiedlich viel kosten. Produkte der Marke Nivea sind in Frankreich zum Beispiel nur halb so teuer wie in Deutschland. Dafür kostet französisches Mineralwasser von Perrier in Österreich dreimal so viel wie in Frankreich. Fragt man vor Ort nach den Gründen für die Preisunterschiede, so werden einem gern Transportkosten genannt, wenn es um höhere Preis geht, und Abnahme großer Mengen, wenn es um niedrige Preise geht. Beides ist in den meisten Fällen gelogen.

Jeder Hersteller versucht ganz einfach, entsprechend den nationalen Marktgegebenheiten den höchstmöglichen Preis durchzusetzen. Wenn es möglich ist, in Österreich für ein importiertes Mineralwasser das Dreifache zu verlangen wie im Ursprungsland, dann wird man das gern tun. Und wenn aufgrund des Wettbewerbs und der Marktgegebenheiten nur die Hälfte verlangt werden kann, dann wirft diese entweder auch noch Gewinn ab oder man verzichtet ganz darauf, auf diesem Markt präsent zu sein.

Da der Einzelhandel bisher hauptsächlich national organisiert war, musste er sich wohl oder übel auf die Vorgaben des Herstellers einlassen, wenn er ein bestimmtes Produkt im Sortiment haben wollte. Das wird nun alles anders. Auch die großen Handelskonzerne organisieren sich international. Und es ist zum Beispiel für die Metro-Konzernleitung überhaupt nicht mehr einzusehen, weshalb sie das gleiche Produkt vom selben Hersteller in verschiedenen nationalen Märkten zu unterschiedlichen Preisen einkaufen sollten.

Immer mehr Handelskonzerne gehen dazu über, vom Hersteller zu verlangen, dass er ihnen die Waren zum weltweit niedrigsten Preis liefert. Ob sie dann in den nationalen Märkten diese Preisvorteile auch an den Endkunden weitergeben oder ob sie nur höhere Gewinne abschöpfen, ist von Fall zu Fall verschieden.

Zur Zeit sind die Hersteller noch ein wenig verschlafen, aber die ersten beginnen bereits, eine Strategie gegen die Forderung nach einem globalen Niedrigpreis der Handelskonzerne zu entwickeln. Diese Strategie sieht so aus, dass die Hersteller ihre Preise nicht mehr nach den nationalen Marktgegebenheiten kalkulieren, sondern für jeden Schlüsselkunden *(key account)*, der für sie besonders wichtig ist, entsprechend den mit ihm vereinbarten Umsätzen und Sortimentsstrukturen.

So kann es dann in Zukunft sein, dass die Metro-Gruppe bestimmte Produkte billiger bekommt als die REWE-Gruppe, bei anderen Waren ist es dann genau umgekehrt. Für den Endverbraucher wird dies eine noch größere Unübersichtlichkeit darstellen und er wird sich entscheiden müssen, ob er in Zukunft durch immer mehr Geschäfte flitzt, um die verschiedenen Dinge des täglichen Bedarfs zu kaufen oder ob er sich darauf einstellt, in nur einem Supermarkt alles zu kaufen, wobei sich die teuren und die billigen Produkte gegenseitig ausgleichen.

Neue Konkurrenz belebt den Preiskampf

Seit 1998 ist der US-Handelsriese Wal-Mart auch auf dem deutschen Markt präsent. Anfang 1998 kaufte er 21 Wertkauf-Warenhäuser, denen im Dezember desselben Jahres 74 SPAR-SB-Häuser folgten. Weltweit hat der US-Konzern 900 000 Beschäftigte, einen Umsatz von 220 Milliarden DM und einen Gewinn von sechs Milliarden DM im Jahre 1997.

Das erste oder zumindestens fast das erste, was Wal-Mart auf dem deutschen Markt tat, war, in einem Dortmunder Markt die Preis für 12 000 Artikel drastisch herabzusetzen. In der Folge fielen gerade Mitte des Jahres 1999 auch die Preise bei den anderen deutschen Handelsketten. Die 4000 selbstständigen SPAR-Einzelhändler, die ihre Produkte von Wal-Mart beziehen, setzten die Preise für die 1000 wichtigsten Artikel um bis zu zwanzig Prozent herab, also mussten Aldi, REWE und Lidl nachziehen.

Natürlich jammern die Einzelhändler über die neue Konkurrenz, denn von 100 DM Umsatz im Facheinzelhandel, ohne den Lebensmittelhandel, der wiederum noch spezielle Konditionen hat, bleiben dem Händler im Durchschnitt 2,60 DM als noch zu versteuernder Gewinn. Da kann sich natürlich jeder Kunde ausrechnen, weshalb er mit einem durchschnittlichen Einkauf von etwas über 20 DM vom Einzelhändler nicht gerade auf Händen getragen wird, wenn diesem bewusst ist, dass er dabei gerade einmal 50 Pfennig verdient hat.

Betrachten wir einmal, wie sich die 100 DM Umsatz durchschnittlich zusammensetzen: Für den Wareneinkauf werden 50,70 DM investiert, also nicht einmal ein Prozent mehr als die Hälfte. Die Personalkosten schlagen mit 17,70 DM zu Buche, deshalb versuchen die Einzelhändler auch immer noch, am Personal zu sparen und lieber mit preiswerten Teilzeitkräften zu arbeiten als mit gut ausgebildeten Fachverkäufern. Die Mehrwertsteuer hat einen Umsatzanteil von 12,80 DM.

Für die Ladenmiete gehen anteilig fünf DM drauf, natürlich abhängig davon, wo das Geschäft liegt. Die Werbung liegt bei 2,40 DM, also in diesem Beispiel bei 2,4 Prozent und damit deutlich unter dem Satz, den die meisten Markenartikelhersteller investieren. Dann kommen noch Posten, die zwischen einer und zwei DM liegen für Zinsen, Abschreibungen, Sachkosten des Geschäfts, Kraftfahrzeugkosten und Gewerbesteuer.

Eine verhältnismäßig große Summe macht zum Schluss noch einmal die Position »Sonstiges« aus, die mit 3,30 DM zu Buche schlägt und in der sich unter anderem die »Klaurate« verbirgt, das ist das, was nicht nur die Kunden, sondern auch die Mitarbeiter mitgehen lassen. Da die Klaurate verhältnismäßig hoch ist, ist es nicht verwunderlich, dass gerade Warenhäuser alles daran setzen, Diebe zu erwischen.

Mein Vorschlag lautet ja nach wie vor, das Personal besser zu bezahlen, weil besser bezahltes Personal motivierter ist, sich besser um den Kunden kümmert und nicht meint, sich selbst auch noch einen zusätzlichen Ausgleich für das geringe Gehalt verschaffen zu müssen.

Die gefälschte geprüfte Sicherheit

Deutsche Kunden lieben die Sicherheit. Deshalb geht ihnen das GS-Siegel »Geprüfte Sicherheit« des TÜV auch über alles. Ob auf Lampen oder Elektro-Haushaltsgeräten, wenn das GS-Zeichen draufsteht, zahlt man gern etwas mehr dafür beziehungsweise freut sich besonders, wenn man es billiger bekommt. Das wissen auch die Hersteller und natürlich gleichfalls auch die globalen Ganoven. Entweder wird auf ein solches Elektrogerät ein gefälschtes GS-Zeichen draufgepappt, oder aber ein Gerät wird dem TÜV zur Prüfung vorgelegt und danach in einer etwas preiswerteren und weniger sicheren Form in Massen produziert.

In Asien, besonders im chinesisch-sprachigen Raum von China, Hongkong und Taiwan, gibt es inzwischen sogenannte »Spotmärkte«, auf denen Geräte mit gefälschten TÜV-Zeichen angeboten werden und sich auch deutsche Zwischenhändler und Händler eindecken. Diese Geräte sind oft lebensgefährlich. Zu fassen bekommt man die Betrüger kaum; denn die Firmen, die solche Geräte anbieten, sind selbst oft nur Zwischenhändler, die nur wenige Tage existieren und dann ihren Laden wieder dichtmachen.

Womit der deutsche Kunde geködert wird, ist der niedrige Preis, und in diese Falle tappt er ja nun einmal zu gern. Wenn bei der Inbetriebnahme des Gerätes er selbst – statt seines Würstchens – gegrillt wird, ist es allerdings für die Reue meist zu spät.

Urlaub muss in erster Linie billig sein

Urlaub zu machen ist für Deutsche immer wichtiger geworden. 1999 war ein Rekordjahr für die Reiseveranstalter, mit Zuwächsen von 15 bis über 30 Prozent. Immerhin gaben die Deutschen 83 Milliarden DM dafür aus, durch die Gegend zu kutschieren und irgendwo auf der Welt in einem Hotel zu leben, das so war wie überall, um Dinge zu essen, die gleichfalls international austauschbar sind. 1991 waren es erst 54,6 Milliarden.

Urlaub ist ein Anspruch, den jeder Deutsche hat, sei er nun arbeitslos oder auch Sozialhilfeempfänger. Denn Urlaub ist zurzeit so billig wie noch nie und den Deutschen kommt es auch beim Urlaub immer mehr auf den Preis an. Die schönsten Tage des Jahres sollen nicht nur schön, sondern in erster Linie billig sein, so lautet das Motto der Deutschen.

Vielen Leuten, sie machen etwa ein Drittel aller Urlauber aus, ist es sogar völlig egal, wohin sie fliegen, was sie dort tun und ob es dort in irgendeiner Weise besonders schön ist oder ob sie dort Erlebnisse haben können, die sie persönlich wachsen lassen. Selbst der Erholungswert ist ihnen egal, solange der Preis niedrig, das Zimmer und der Swimmingpool gut und das Essen reichlich und deutsch sind.

Zurzeit herrscht im deutschen Reisemarkt ein Kampf der Konzerne bis aufs Messer. Die Konzentrationswelle ist in vollem Gange. Experten gehen davon aus, dass künftig maximal vier oder fünf Konzerne den ganzen europäischen Reisemarkt beherrschen werden. Folge des Preiskampfes ist unter anderem eine Massenkonfektion des Urlaubs. Extras wie zum Beispiel Golfurlaub werden auf Standardangebote einfach draufgesetzt. Alle Urlauber, ob sie nun einen Familienurlaub, einen Single-, einen Tauch- oder Golfurlaub gebucht haben, fliegen mit demselben Flugzeug und wohnen in demselben Hotelkomplex, nur in unterschiedlichen Gebäudeteilen.

Wenn sich in einigen Jahren entschieden hat, wem der Markt endgültig gehört, werden die Preise anziehen und die Sieger alles wieder hereinholen, was sie jetzt in der Schlacht verpulvern. Spitzenreiter ist zurzeit noch die TUI mit einem Marktanteil von 26,4 Prozent. Der Umsatz von TUI lag im Geschäftsjahr 1997/98 bei 6,5 Milliarden DM. Da macht es dann auch nichts, wenn der Gewinn nur bei einem bis zwei Prozent liegt. Denn zwei Prozent Gewinn sind immerhin noch satte 130 Millionen DM.

Kunden lassen sich täuschen

Um sich gegenseitig die Kunden abzujagen, greifen die Konzerne auch zu fiesen Tricks, indem sie den König Kunde betrügen oder wenigstens über die tatsächlichen Verhältnisse täuschen. Wenn ein Reiseveranstalter zum Beispiel in einem Hotel 50 oder mehr Prozent der Betten gebucht hat, dann kommt ein anderer daher, bucht nur ein paar Zimmer in demselben Hotel und bietet diese in seinem Katalog aber wesentlich billiger an als der Wettbewerber.

Da der potenzielle Urlauber natürlich nicht weiß, wie diese Preise zustande kommen und weshalb er bei dem scheinbar so billigen Anbieter kein Zimmer bekommt (ganz klar, die paar Zimmer, die er hatte, sind in null Komma nichts ausgebucht), so bleibt doch bei ihm der Eindruck, dass der eine Reiseanbieter billiger ist als der andere. Klar, dass er dann bei dem vermeintlich billigen Anbieter ein anderes Angebot nimmt, was vielleicht nicht vergleichbar ist und wo er so richtig abgezockt wird.

Auf vielen Flügen wird zurzeit nur noch mit den Sitzplätzen Geld verdient, die zum Schluss als Last-Minute-Angebot verschleudert werden. Die Fixkosten haben die Leute bezahlt, die rechtzeitig buchten.

Fast alle in der Reisebranche tätigen Unternehmen, seien es nun Veranstalter oder Fluggesellschaften, betreiben heute ein sogenanntes Rendite-Management, wofür es den schönen englischen Namen *Yield Management* gibt, was nicht so deutlich macht, was damit wirklich gemeint ist. Bei Fluggesellschaften bedeutet das, dass der normale Platz auf einem Linienflug für 4500 DM verkauft wird und ein Platz daneben für einen Last-Minute-Bucher nur noch rund 600 DM kostet.

Bei den günstigen Preisen für Reisen sind es also nicht die Veranstalter und die Fluggesellschaften, die den Reisenden etwas schenken, sondern es werden die anfallenden Kosten nur anders unter den verschiedenen Gruppen der Reisenden aufgeteilt. Der eine reist also auf Kosten des anderen. Darüber sollten sich all die Leute Gedanken machen, die zu den Schnäppchenjägern gehören.

Wenn alle Schnäppchenjäger sind oder wären, würde es keine Flüge und keine Urlaubsreisen mehr geben. Reiseveranstalter sind also eigentlich Unternehmen, die das Geld zwischen den dummen reichen Urlaubern und den abgebrühten Zockern umverteilen und dabei selbst gut verdienen. Bei einigen Fluggesellschaften gibt es für den gleichen Flug im gleichen Flugzeug bis zu 26 verschiedene Buchungsklassen, selbst wenn dem Passagier nur drei vorgegaukelt werden.

Die Flüge von Europa nach New York gelten als eine sogenannte Kampf-Destination, wobei Destination nichts anderes bedeutet als Reiseziel. Zurzeit balgen sich rund 20 Fluggesellschaften darum, Passagiere auf dieser Strecke befördern zu dürfen. Fachleute schätzen, dass in rund fünf Jahren nur noch vier Wettbewerber übrig bleiben werden, die dann wieder ordentlich zulangen können. Besonders stark wurde der Wettbewerb der Reisebranche durch das Internet angefacht, das dem Kunden immer bessere Preisvergleiche ermöglicht. Dass er sich durch das Billigdenken irgendwann selbst den Boden unter den Füßen wegzieht, übersieht er meistens.

Fast Food ist nicht billig

Fast Food, das schnelle Essen, wird von den Deutschen fast immer mit preiswertem Essen gleichgesetzt. Das ist aber ein Irrtum. Allein beim Branchenführer Mc Donald's gab jeder Bundesbürger 1998 im Schnitt 51 DM aus, das sind zwölf Prozent mehr als im Vorjahr. Wenn man nun aus der Gesamtzahl der Bundesbürger die älteren Menschen ebenso herausrechnet wie die Kleinkinder, steigt die Pro-Kopf-Summe bei Kindern, Jugendlichen und jungen Erwachsenen überproportional an.

Befragt man die Angehörigen dieser Zielgruppe nach den Gründen, weshalb sie ein Fast-Food-Restaurant aufsuchen, stehen die Antworten »weil es schmeckt« und »weil es billig ist« an erster Stelle. Über Geschmack soll man nicht streiten und ich möchte auch nicht die Behauptung aufstellen, dass Fast Food nicht nahrhaft sei oder gar gesundheitsschädlich. Mir geht es eigentlich um den Preis. Man braucht sich bloß ins Bewusstsein zu rufen, dass in Deutschland Zeit immer Geld ist. Wer etwas schneller leistet als andere, lässt sich dieses Tempo bezahlen. Und genau so machen es die Fast-Food-Restaurants auch. Ihre ausgefeilte Logistik ist nicht umsonst, sondern muss vom Kunden bezahlt werden.

Wenn Fast Food schon nicht billig ist, welche Vorteile bietet es dann außer der schnellen Verfügbarkeit? Das, was heute bei vielen Produkten vom Verbraucher so hoch geschätzt wird, nämlich Individualität und Variationsbreite, lässt sich mit dem Fast-Food-Gedanken nicht vereinbaren. Geschwindigkeit funktioniert am besten dann, wenn die Vielfalt reduziert wird. Also muss man Vielfalt vortäuschen.

Ähnlich wie es den chinesischen Restaurants nachgesagt wird, mit sieben Soßen aus drei Töpfen, macht es auch der Fast-Food-Bereich. Die Grundausstattung des Hamburgers, Brötchen und Fleischklops, ist immer gleich. Und sie dann auf eine Pseudo-Ethno-Richtung, wie Mexikanisch, Spanisch, Italienisch, Chinesisch oder Indisch zu trimmen, geschieht mit wenigen Zutaten, die aus dem faden Ketchup eine feurige texanische Mischung, mit einem Spritzer Sojasoße eine chinesische Note, mit Curry ein indisches Gericht und mit ein wenig Basilikum und Knoblauch Italien zaubern.

Im Grunde genommen erhält der Kunde im Fast-Food-Bereich genau das, was er eigentlich nicht will, nämlich Uniformität und hohe Preise. Diese Nachteile zu verwischen ist Aufgabe eines ausgeklügelten Marketings, das ja auch nicht von den Gewinnen der Franchisenehmer abgeknapst wird, sondern von vornherein dem Kunden in Rechnung gestellt wird. Jeder, der sich bei Mc Donald's oder sonstwo von einer neuen Idee begeistern lässt, zahlt für diese Begeisterung selbst. Fast-Food-Produkte sind Markenprodukte und funktionieren eben auch genau wie solche.

Sonderangebote entscheiden über die Ernährung

Durch schlechte und falsche Ernährung entstehen dem deutschen Gesundheitssystem jährlich Kosten in zweistelliger Milliardenhöhe. Wenn diese Aussage wirklich stimmt, müsste eigentlich jede Krankenkasse in jedem Supermarkt ein Beratungszentrum eingerichtet haben, was aber, wie wir alle wissen, nicht der Fall ist. Von wem nehmen die Deutschen Ratschläge zur Ernährung an? Ganz sicher nicht vom Arzt, es sei denn, sie leiden unter einer schweren Erkrankung des Verdauungsapparats oder unter einer anderen Erkrankung, die in ursächlichem Zusammenhang mit Lebens- oder Genussmitteln steht.

Aber selbst Menschen, die ihre Raucherbeine haben amputieren lassen müssen, sitzen fröhlich paffend im Rollstuhl. Also kann es mit der Autorität der Medizin in Ernährungs- und Genussfragen nicht so weit her sein. Auch prominente Fernsehköche oder die Gattin des früheren Bundespräsidenten Herzog haben nur einen bedingten Einfluss auf die Ernährunglage der Gesamtbevölkerung.

Wer wirklich Einfluss hat, sind die Handelsunternehmen mit ihrer Preisgestaltung. Je nachdem, was billig zu beschaffen und daher als wöchentliches Sonderangebot millionenfach per Werbeblatt in die Briefkästen der deutschen Haushalte transportiert wird, entscheidet über die Ernährungslage der Nation. BSE gerät dann genauso in Vergessenheit wie die Qualhaltung von Masthähnchen. Da nun die Supermarktketten nur bestimmte Produkte häufig herabsetzen können, schrumpft auch die Variationsbreite der deutschen Durchschnittsküche.

Schlussverkauf als Marketing-Event

Die Zeiten, als der Handel in der Sommer- und Winterschlussverkaufsphase Restbestände von Saisonware preiswert abgegeben hat, sind nach übereinstimmender Ansicht von Branchenkennern endgültig vorbei. Schlussverkäufe sind heute nur noch Marketing-Events, die die Leute in die Läden locken sollen.

Denn kein Begriff zündet beim deutschen Verbraucher mehr und besser als der Begriff »billig«.

Was er im Schlussverkauf erhält, sind extra hergestellte oder auch eigens nachgeordnete Waren, die durch ihre Menge den Begriff »billig« untermauern und qualitativ keineswegs höher liegen, als es der Preis vermuten lässt. Hausmarken machen das Qualitäts- und Preisgefüge für den Verbraucher ganz gezielt noch unübersichtlicher. Moderne Lagerhaltung und eine fast just in time funktionierende Textilproduktion minimieren für den Handel das Risiko, auf Restposten sitzen zu bleiben. Aber sie erhöhen die Spanne der Ausverkaufsgewinne.

Preiskämpfe verhindern Bindung von Stammkunden

Die Gesellschaft für Konsumforschung (GfK) hat festgestellt, dass die deutschen Verbraucher jeden Tag einkaufen gehen, um die Güter des alltäglichen Bedarfs zu beschaffen. Dies tun sie allerdings nicht in einem speziellen Laden, sondern besuchen im Laufe eines Jahres ungefähr eine Palette von 13 Geschäften. Je größer die Läden sind, desto mehr Geld lassen sie dort.

In einem großen Verbrauchermarkt sind es 37 DM pro Einkauf, bei einem Discounter 25 DM, im Supermarkt gerade noch einmal 21 DM. 80 Prozent aller deutschen Verbraucher sind zumindest gelegentlich Kunde bei Aldi, während zur Konkurrenz Lidl etwas mehr als die Hälfte geht. Bei den anderen wie Penny oder Plus kaufen gerade einmal halb so viele Kunden ein wie bei Aldi.

Die größte Konsumbremse in Deutschland ist die

Arbeitslosigkeit. Wer arbeitslos ist, achtet tatsächlich auf den Pfennig, und das bedeutet für den deutschen Einzelhandel, dass er pro 100 000 Arbeitslose bundesweit jährlich rund 350 bis 400 Miliionen DM weniger in die Kasse bekommt. Eigentlich sollte man annehmen, bei solchen Zahlen achte der Handel selbst darauf, dass seine Lieferanten nicht durch die eigene Produktionsstrategie den deutschen Arbeitsmarkt weiter kaputtmachen. Aber so weit ist man im Handel wohl nicht, weil trotz des Gejammers wohl noch ausreichend verdient wird.

Weshalb auch schlechte Produkte eine Chance haben

Zunächst sollte ich wahrscheinlich definieren, was aus meiner Sicht schlechte Produkte sind. Es sind solche Produkte, die durch Kinderarbeit oder sklavenähnliche Arbeit entstanden sind. Es sind Produkte, die unter Einsatz umweltgefährdender Substanzen, die nicht ordnungsgemäß gehandhabt werden, hergestellt wurden, und es sind Produkte, die ihre Funktionen nicht erfüllen oder besonders umweltverzehrend, speziell im Energiebereich, sind.

Man kann jetzt wieder mit einer endlosen Beispielliste kommen, angefangen bei billigen, in Südamerika produzierten T-Shirts, elektronischem Spielzeug aus China bis hin zu Kühlschränken aus dem Ostblock. Die Liste wäre unendlich. Der Verbraucher wird in jedem Fall immer nur mit einem einzigen Argument geködert, nämlich »billig, billig, billig«. Dieses Argument macht ihn blind für alle anderen Themen.

Gleichgültig, ob er tatsächlich über zu wenig Geld

verfügt, um sich Besseres leisten zu können, oder ob es nur um seinen Anspruch geht, immer und überall bevorzugt zu werden, auch beim Preis-Leistungs-Verhältnis, meist fällt der Verbraucher rein, weil er, von dem Wort »billig« geblendet, über nichts anderes mehr nachdenkt.

Auch hier sitzen die eigentlich Schuldigen in den Konzernzentralen der Handelsketten und der Herstellerfirmen. Sie könnten nämlich entscheiden, schlechte Produkte aus dem Sortiment zu verbannen, aber sie tun es nicht. Denn gerade mit diesen Produkten lassen sich über die Menge die schönsten Gewinne einfahren. Eine Lösung für dieses Problem ist leider nicht in Sicht.

Preisköder im Schaufenster und »Beratung« zum teureren Produkt

Natürlich spielt das Schaufenster in der heutigen Zeit allenfalls noch in den City-Zentrallagen eine Rolle, ansonsten ist es durch Werbung, speziell Beilagen in Tageszeitungen und Anzeigenblätter, Rundfunkwerbung und Plakate ersetzt worden. Wie der Kunde dazu gebracht wird, ein Geschäft zu betreten, ist doch eigentlich ganz unwesentlich. Entscheidend ist, wie es dann im Laden weitergeht.

Es müsste doch eigentlich jedem Kunden merkwürdig erscheinen, dass direkt neben den annoncierten und ausgewiesenen Sonderangeboten noch sehr ähnliche andere Produkte liegen, die den gleichen Zweck erfüllen, eine ganz ähnliche Ausstattung haben und auch einen ganz ähnlichen Preis. Das ist so bei der Bekleidung, wo neben bekannten Marken, bei

T-Shirts zum Beispiel, auch einige unbekannterer Marken hängen, die dann ein paar Mark billiger sind.

Oder bei Videorekordern findet man neben den in den Anzeigen ausgelobten Geräten welche, die in ihrer Funktion ähnlich sind, vielleicht ein paar Ausstattungsmerkmale mehr haben und ein paar andere weniger und einen ganz ähnlichen Preis, vielleicht nur fünf oder zehn DM teurer oder billiger als das andere Gerät.

Was verbirgt sich hinter solch einer Strategie? An den beworbenen Artikeln kann der Handel oft nichts verdienen oder muss manchmal sogar noch zusetzen. Sie sind nichts weiter als Lockangebote. Den eigentlichen Verdienst macht man mit den Produkten, die daneben liegen, stehen oder hängen. Sie werfen aufgrund anderer Materialien, anderer Ausstattungen oder eines anderen Innenlebens Gewinn ab.

Fragt man nun einen Verkäufer oder Kundenberater, worin die Unterschiede zwischen diesen beiden doch sehr identisch wirkenden Produkten bestehen, zuckt er meist mit den Schultern, rät aber dann doch zu den Produkten, die nicht beworben worden sind, weil sie günstiger und genauso gut, besser und genauso teuer oder etwas teurer, aber viel besser sind. Was macht nun der Verbraucher, der keine Ahnung hat? In 75 Prozent aller Fälle folgt er der Beratung. Und genau so war es auch beabsichtigt. Die wenigsten Leute informieren sich vor dem Kauf genau darüber, was sie zu welchem Preis erstehen wollen.

Zugegeben, es ist auch nicht einfach. Elektrische Geräte, besonders im Bereich der Unterhaltungselektronik, wechseln ihre Namen und Bezeichnungen schneller als manche Deutschen ihr Hemd. Wer kann wirklich entscheiden, ob das Innenleben des einen

Gerätes baugleich ist mit dem des anderen, auf dem nur ein anderer Name klebt. Wissen wir doch alle, dass zwischen dem wirklichen Hersteller und der Marke oft keine oder eine nur sehr lose Verbindung besteht und sich auch knallharte Wettbewerber aus denselben Quellen bedienen.

Auf die Details kommt es an

Konsumelektronik wie Videorekorder oder Stereoanlagen hat in Deutschland als Statussymbol ausgedient. Das gilt auch für Handys und PCs. Auch sie gehören inzwischen längst zur Standardausstattung eines technisch orientierten Haushaltes. Was vielleicht noch bei den Nachbarn oder Bekannten Erstaunen hervorrufen kann, sind Breitwandfernseher und DVD-Spieler.

Natürlich haben auch in der Konsumelektronik die großen Konzerne die kleineren Spezialanbieter verdrängt. Anders als zu Zeiten des Plattenspielers, wo noch ausgetüftelte Einzelstücke die fehlende übrige Wohnungseinrichtung bei Yuppies ersetzen konnten, ist das mit heutigen Massenwaren nicht mehr möglich.

Was große Handelsketten an Unterhaltungselektronik anbieten, ist in der Regel seinen Preis wert. Aber die Ausnahmen bestimmen die Regel. Da werden auch gern einmal Chargen von Geräten mit weggedrückt, die über unsinnige Ausstattungsmerkmale verfügen, bekannt für ihre Macken sind oder einfach im Innenleben über veraltete Bauteile verfügen. Auch wenn die Geräte in ihrer Leistung gut sind, wird doch jeder Hersteller versuchen, irgendwo zu sparen.

Das lässt sich ganz besonders gut an den Bedienungselementen machen. Die Knöpfe sind nach Ansicht von Fachleuten immer die ersten Bauteile, die ihren Geist aufgeben. Also ist ihr Rat, lieber eine Fernbedienung zu nutzen, die man später einfach durch eine neue ersetzen kann. Denn das Reparieren von kaputten Geräten lohnt sich heute kaum noch. Dafür sind die Stundenlöhne einfach zu hoch.

Die Anspruchsfalle – Wofür die Deutschen gern ihr Geld ausgeben

»Mehr haben als die Nachbarn und zwar so, dass man es auch sieht«, lautete über Jahre unverändert das Konsumziel der Deutschen. Inzwischen gibt es eine kleine, aber doch gravierende Veränderung; statt dem Konsumverhalten der Nachbarn nachzueifern, ist jetzt der vermeintliche Lebensstil der Reichen und Berühmten, der in Zeitschriften, Magazinsendungen, Filmen und Fernsehserien vorgeführt wird, das Vorbild. Wie lebt Götz George, welche Uhr, welche Jacke und welche Sonnenbrille trägt er, welche Gardinen hat Sabine Christiansen, wo macht sie Urlaub, von welchem Ökoschneider bezieht der Umweltminister seine Hemden und wie leben, was tragen all die anderen Dutzendgesichter aus den Fernsehserien und Hausfrauenprogrammen?

Der Druck zu immer höheren Konsumausgaben im Wettbewerb mit anderen nimmt für die Deutschen zu, je mehr Vorbilder sie vorgesetzt bekommen und je schneller diese ausgetauscht werden. Vielen Verbrauchern eröffnete sich durch dieses Nacheifern eine unendliche Vielfalt von Konsummöglichkeiten – aber viele andere bleiben wegen ihres geringen Einkommens hiervon ausgeschlossen. Sie müssen sich dann mit dem Apfelschnaps begnügen, den Jürgen von der Lippe in seinem Werbespot trinkt. Auch eine Form von Vorbild.

Die Überqualitätsfalle der Automobilindustrie

Dadurch, dass die Automobilindustrie in den vergangenen Jahren dem Verbraucher immer wieder klargemacht hat, was an seinem Auto alles immer besser zu sein hat, stiegen die Ansprüche der Käufer ins Unermessliche. Gleichzeitig brach unter den verschiedenen Automobilherstellern, die immer rationeller und immer schneller ihre Modelle in immer größeren Stückzahlen fertigten, ein immer härter werdender Wettbewerb aus. Die Folge waren ein ständig wachsendes Angebot an immer besseren Fahrzeugen, wobei gleichzeitig für bestimmte Käufergruppen der Wagen ständig an Statussymbolkraft verlor.

Seit 1991 stiegen die Lebenshaltungskosten um 17 Prozent. Gleichzeitig kletterten die Neuwagenpreise nur um 11,5 Prozent. Aber das ist nur ein vordergründiges Zahlenspiel, denn die Autos selbst wurden durch neue Bauteile, wie serienmäßig installierte Airbags, Servolenkungen, elektrische Fensterheber, Antiblockiersysteme, Klimaanlagen, Sonderlackierungen, Zierfelgen, bessere Sitze und Sitzbezüge, Schiebedach und tausend andere Kleinigkeiten um rund 15 Prozent aufgewertet, so dass die Preissteigerungen mehr als kompensiert wurden.

Das Einzige, wo beim Auto noch zu verdienen ist, ist merkwürdigerweise in Deutschland das Autoradio. Etliche Hersteller versuchen, die Schächte für den Einbau der Autoradios so zu konzipieren, dass nur die eigenen Geräte einzusetzen sind, und dabei wird dann kräftig hingelangt, weil beim Autoradio häufig die Vergleichbarkeit und Transparenz hinsichtlich Preis und Leistung fehlt. Außerdem, wer will beim Auto auf sein Lieblingsmodell verzichten, bloß weil das Radio hundert DM mehr kostet?

Offensichtlich kann auch kein Hersteller die Überqualitätsfalle in der Automobilwirtschaft wieder zurückdrehen und für die ohnehin nur im Stau mit mäßigem Tempo dahinkriechenden Autofahrer einfachere Fahrwerke und schwächere Motoren anbieten. Schließlich möchte jeder Deutsche das Recht haben, sein Leben mit hoher Geschwindigkeit an einem Brückenpfeiler, in einem Graben oder unter einem stehenden LKW zu beenden. Dabei sind die neuen Autos immer noch hauptsächlich an einer jugendlichen Zielgruppe orientiert, die jedoch dank Arbeitslosigkeit und Lohnverzicht immer weniger in der Lage ist, die Autos zu kaufen, die für sie gemacht sind, jedenfalls nicht als Neuwagen.

Nur keine Geräusche

Störgeräusche im Auto sind heute eines der heikelsten Themen für die Kfz-Werkstätten. Früher ist es ganz normal gewesen, dass Autos Geräusche machten, dass der Wind pfeift, dass das Abrollgeräusch der Räder in den Innenraum dringt sowie dass man Motor, Getriebe und Keilriemen auch akustisch zur Kenntnis nehmen musste. Heute ist es ganz anders. Autos verkaufen sich nicht nur über die Form und Leistung, sondern auch über die Akustik.

Wie es unter Profis so schön heißt, mit dem Auto kauft die Kundschaft eine definierte Geräuschkulisse. Bei billigen Familienkutschen oder Lieferwagen ist man da nicht so anspruchsvoll, aber bei Autos, die Komfort und Luxus darstellen sollen und bei denen sich die Einstiegspreise über 50 000 DM bewegen, ist jedes für den Kunden unvorhergesehene Geräusch heikel. Inzwischen gehen die Kosten der Automobilindustrie für Akustikexperten und für die Geräuschvermeidung in die Millionen.

Leises Zischen, Knispeln oder ein gelegentliches Klappern können eine Werkstatt in den Wahnsinn treiben, weil der anspruchsvolle Kunde von heute auf einem akustischen Design von höchstem Niveau besteht. Eine Idee, die ihm natürlich erst von der Automobilindustrie selbst eingepflanzt worden ist. Die Folgen sind bereits absehbar. Immer aufwendiger werden die Schulungen von Kfz-Technikern, wenn es um das Thema Geräusche geht, und immer aufwendiger und teurer werden die entsprechenden Diagnoseinstrumente. Während früher der Motor alle Nebengeräusche übertönte, sind diese heute für den Autofahrer nervender als mancher Stau.

Die Lüge von den sauberen Luxusdieselmotoren

Moderne Dieselmotoren sind der Verkaufshit für die Automobilindustrie. Leistungsstark, sparsam und vom Fahrgefühl kaum von einem Benziner zu unterscheiden, lassen sie den entsprechenden Herstellern die Kunden in großer Zahl zuströmen. Was die meisten Kunden allerdings nicht wissen, ist, dass durch die veraltete Definition der Grenzwerte, die nur allein die Masse der Partikel, nicht aber deren Anzahl berücksichtigt, die modernen Motoren scheinbar als Saubermänner dastehen, in Wirklichkeit aber durch den verstärkten Ausstoß von Feinpartikeln viel gesundheitsgefährdender sind als die alten Dieselmotoren.

Die US-Umweltbehörde schätzt, dass jährlich 60 000 US-Amerikaner durch Imissionen feiner Partikel an Herz- und Lungenkrankheiten sterben. Das sind mehr Tote als die Zahl derer, die durch Autounfälle sterben. Gerade die feinen Partikel dringen wesentlich tiefer in die Lunge ein und bleiben dort hängen. Weltweit gibt es eine konstante Beziehung zwischen Immissionen feiner Partikel und Sterblichkeit, wobei noch nicht ganz klar ist, was über Lungenkrankheiten hinaus in Blut und Herz von den Partikeln noch alles beeinflusst, gestört oder zerstört wird.

Man geht davon aus, dass die Auseinandersetzungen um den Dieselmotor zum größten umweltpolitischen Kampf des kommenden Jahrzehnts werden könnten. Wenn sich dann herausstellt, dass die ultrafeinen Abgaspartikel des Dieselmotors wirklich so schädlich sind, wie heute vermutet wird, werden auch die Benzinmotoren ins Schussfeld geraten. Denn auch sie stoßen mit dem Abgas winzig kleine Partikel aus, die man heute noch ignoriert, um die man sich aber in Zukunft wird kümmern müssen.

Hier wird moderne Technik, die eigentlich mehr Qualität bringen soll, zum Bumerang, indem sie sich selbst ins Aus befördert. Natürlich setzt die Automobilindustrie alles daran, dieses Thema aus den Medien herauszuhalten, denn niemand wird sich einen sehr teuren Diesel mit zukunftsweisender Einspritztechnik leisten wollen, der ein *ultra-low immission vehicle* sein soll, wenn er weiß, dass ihm bald ein Fahrverbot droht.

Hilflose Computerfreaks

Ähnlich wie beim Auto steht der Endkunde bei allen Produkten der Computerbranche den Herstellerfirmen meist völlig hilflos gegenüber. Der Kunde ist kaum in der Lage, festzustellen, ob Qualität, Leistung und Preis in einer vernünftigen Relation stehen. Alle großen Unternehmen, die in diesem Geschäft mitmischen, versuchen, nach Möglichkeit eine Monopolstellung zu erreichen, die sie dann wie eine Goldmine ausbeuten können.

Dabei geht es nicht nur um die Chips von Intel oder um die Programme von Microsoft. Hewlett-Packard wird vorgeworfen, das Geschäft mit den Druckerkartuschen monopolisiert zu haben. Dadurch soll Hewlett-Packard pro Tintenkartusche 67 Prozent Gewinn gemacht haben. Diese Zahl wurde vom Unternehmen als übertrieben zurückgewiesen, aber sie zeigt noch einmal wieder, wie man heutzutage mit viel Know-how und einem verhältnismäßig geringen technischen Aufwand Riesengewinne einfahren kann.

Die Imagefalle der Autowerbung

Auch wenn es darum geht, den Kunden mit Image statt mit Fakten zu fangen, ist die Automobilindustrie ganz vorn dabei. Autofahrer sind in der Werbung immer sportlich, dynamisch, besser verdienend und witzig. In dieser Imagefalle hat sich die Automobilindustrie sogar selbst gefangen. Sie weiß zwar, dass die Käufer ab 55 Jahre inzwischen die wichtigste Zielgruppe sind, unter anderem auch deshalb, weil in dieser Altersklasse genügend Geld vorhanden ist, um ein Auto bar zu bezahlen – was den Jüngeren immer weniger gelingt –, aber sie handelt bei der Konzeption der Fahrzeuge keineswegs nach dieser Erkenntnis.

Mehr als die Hälfte der Rentner kauft sich einen Neuwagen, wenn ein Autokauf ansteht, und mehr als ein weiteres Viertel kauft Vorführ- oder Jahreswagen. Trotzdem werden die Autos nicht für diese Altersklasse konzipiert. Man kann natürlich boshaft unterstellen, dass Autos, die von älteren Menschen nicht gut zu handhaben sind, dazu beitragen, dass mehr Unfälle passieren und dadurch der Absatz gefördert wird. So wie vermeintliche Verkaufsförderungshilfen von der Industrie bewusst als Klauhilfen konzipiert werden, könnten nach hinten unübersichtliche Autos dazu beitragen, dass die Werkstätten häufiger Heckschäden reparieren können.

Aber wahrscheinlicher ist, dass die Industrie sich in ihrer Jugendlichkeitsfalle selbst gefangen hat. Schließlich werden Autos in Deutschland hauptsächlich unter dem Gesichtspunkt gemacht, dass sie dem Techniker gefallen und nicht demjenigen, der damit fahren soll. Sonst wären die Neuerungen nicht alle nur unter der Motorhaube verborgen, sondern auch im Innenraum spürbar. Alle Anregungen für Verbesserungen, die dem Fahrer und den anderen Passagieren zugute kommen, stammen meines Wissens aus Japan, wie zum Beispiel die Minivans, kleine, aber hohe Autos, ideal für die Fahrt zum Supermarkt, gut zu beladen und leicht zu parken.

Die Neuheitenfalle der Automobilindustrie

Nach dem Schlüsselwort »billig« steht der Begriff »neu« auf Platz zwei der Beliebtheitsskala der Deutschen. Jeder möchte gern das Neueste haben, und zwar möglichst auch noch als Erster. Das gilt besonders für Autos. So kommt es, dass die Autokonzerne den Kunden zum »Testfahrer« für zum Teil noch unausgereifte Modelle machen. Anders lässt es sich wohl kaum erklären, weshalb die Zahl der Rückrufaktionen immer weiter steigt. Je mehr Technik und Elektronik in ein Auto eingebaut wird, desto anfälliger wird es natürlich auch.

Ein Auto, das keinen Seitenairbag hat, wird auch keine Probleme haben, dass dieser ausgelöst wird, wenn man über eine Bordsteinkante fährt. Immerhin musste BMW im Jahre 1999 rund 280 000 Autos der 3er-Reihe weltweit zurückrufen, weil diese Probleme mit dem Seitenairbag und mit den Bremsen hatten. Die Mercedes-A-Klasse brauche ich wohl gar nicht erst zu erwähnen, die wurde ja erst nach der Auslieferung dem berühmten Elchtest unterzogen.

Früher waren es an den Autos viele ärgerliche Kleinigkeiten, die einen zum Werkstattbesuch zwangen, wie losgerüttelte Birnen im Blinker, abfallende Innenverkleidungen und Ähnliches. Heute sind es immer häufiger auch gefährlichere Defekte an den Bremsen oder an der Motorsteuerung. Und meist hat die Elektronik Schuld. Dabei geht es wirklich quer durch alle Marken, vom teuersten Porsche bis hin zu kleinen Mazdas. Es sind also auch die japanischen Autos nicht von solchen Macken verschont. 1997 gab es insgesamt für alle Marken 58 Rückrufaktionen, 1998 waren es bereits 82. In diesen Zahlen sind natürlich noch nicht die so genannten Werkstattrückrufe enthalten, bei denen im Rahmen von Inspektionen kleinere Mängel behoben werden.

Die Schuldenfalle

Alle möglichen Produkte, allen voran das Auto, aber auch Elektrogeräte, Küchen, Möbel und sogar Dachneueindeckungen werden den Konsumenten quasi als in Raten bezahlbar aufgedrängt. Hauptsache, das Produkt ist verkauft; wie der Kunde nachher mit der Bezahlung klarkommt, muss er sehen.

Immer mehr deutsche Haushalte sind deshalb überschuldet. Zurzeit gibt es rund 2,6 Millionen Privathaushalte, das sind immerhin sieben Prozent, die vor einem Schuldenberg stehen, den sie aus ihrem derzeitigen Einkommen nicht mehr abtragen können. Der Bestand der Konsumkredite ist allein in den Jahren von 1994 bis 1997 um rund 30 Prozent gestiegen. Es sind meist Haushalte mit einem Nettoeinkommen von unter 3500 DM, die durch Scheidung, Krankheit oder Unfälle plötzlich in die Schuldenfalle getrieben werden.

1997 hatten die Deutschen Konsumkredite in Höhe von 200 Milliarden DM aufgenommen, 1992 waren es 325 Milliarden DM und 1997 schon 398 Milliarden DM. Die durchschnittliche Schuldenlast eines Haushalts, der einen Kredit aufgenommen hat, liegt bei 32 000 DM, die Zahl der Gläubiger zwischen sechs und neun, wozu Kreditinstitute, Inkassobüros, Versandhäuser, Vermieter und Energiewerke im besonderen Maße gehören.

Einerseits werben die Banken für Konsumkredite,

andererseits zeigen sie sich ausgesprochen unflexibel, wenn es darum geht, für die Rückzahlung die Modalitäten zu verändern. Auch die den Leuten immer häufiger aufgedrängten Kreditkarten führen dazu, aus Mitteln zu schöpfen, die erst in Zukunft vorhanden sein sollten und dann plötzlich wegfallen.

Die alltäglichen Kundenfallen

Die Markenfalle

Früher stand eine Marke für Produktleistung und Qualität, heute bieten Marken vor allem ein Lebensgefühl und eine eigene Markenwelt, während der Qualitätsaspekt in den Hintergrund gerät. Starke Marken haben eine Persönlichkeit, mit der der Kunde sich identifiziert, und sie erzeugen eine emotionale Bindung, die nicht mehr auf den reinen Produktnutzen bezogen ist.

Die Markenwelt repräsentiert nicht mehr technische Kernkompetenzen, sondern die Mission des Unternehmens, mit der sich Identifikation, Imagination, strategische Zielsetzung und Garantiererklärungen für Kunden, Eigentümer und Mitarbeiter ausdrücken (Hemjö Klein in *Wirtschaftswoche* 11/1999). »Make people happy«, heißt die Markenbotschaft von Disney, »die Zukunft des Automobils« war der klare Führungsanspruch von Mercedes-Benz und »The Care Company« beschreibt die Mission von Ellen Betrix.

Bei Produkten, die hinsichtlich Qualität und Preis austauschbar geworden sind, dazu gehören Autos, Zigaretten, Mode, Parfüm und auch Nahrungsmittel, zählt immer mehr das Erlebnisversprechen. Bei Autos ging es früher in erster Linie um Sicherheit und Qualität, heute um Fahrvergnügen und aufregende Formen, aber auch um Verantwortung und Umwelt, haben Marktforscher festgestellt. Und die Werbeagenturen verdienen gut daran, Markenwerte zu schaffen und das passende Lebensgefühl zum Produkt zu entwickeln. Sie schaffen Scheinwelten und

Stimmungen passend zum Produkt. Oft genug wird
heute auch schon umgekehrt ein Produkt für ein bestehendes Lebensgefühl entwickelt. Manchmal geht
es aber auch nur darum, alte Markenwerte wieder zu
entdecken.

»Es war alles da bei Mercedes, aber man erkannte
die Markenwerte kaum noch. Sie waren verschüttet
und wir haben sie wieder freigelegt«, sagte André
Kempers, Kreativchef von der Agentur Springer & Ja-
coby der *Wirtschaftswoche* (45/1998). Die Hamburger
Werbeagentur betreut seit 1990 das PKW-Programm
von Mercedes-Benz. Im Zuge der Globalisierung gibt
es keine nationalen Märkte und auch keine nationalen Kunden mehr. Deshalb werden Erlebniswelten
entwickelt, die international funktionieren. So steht
Marlboro für Freiheit und Abenteuer und drückt
damit die Wünsche und Sehnsüchte aus, die jeder
hat.

Starke Marken sind immer die Übereinstimmung
von Versprechen und Erwartung, deshalb versuchen
viele Unternehmen, ihre alten bewährten Markenwerte wieder zu beleben. Gleichzeitig sind bei den
Kunden eine wachsende Unsicherheit und ein zu-
nehmendes Bedürfnis nach Bewährtem festzustellen.
Dies begründen Experten mit den politischen Um-
brüchen der Achtzigerjahre, der rasanten technologischen Entwicklung, die erlerntes Wissen in immer
kürzerer Zeit wertlos macht, sowie der Unsicherheit
angesichts des Eintritts in ein neues Jahrtausend.
Hinzu kam die Fusionswelle im Rahmen der Globalisierung (siehe dazu *Wirtschaftswoche* 8/1999). Altbe-
währte Unternehmen und Markennamen wie
Hoechst und Mercedes-Benz, die Arbeitnehmern und
Kunden Heimat und Identität gegeben haben, sind

verschwunden. So ist ein regelrechter Retro-Boom entstanden, eine Begeisterung für alte Marken, Werbefiguren und Verpackungsformen.

Der New Beetle von VW ist in Amerika ein Renner, Adidas wirbt mit »we knew it then, we know it now«, und Lufthansa hat sein Kranich-Image ganz neu auf Zukunft ausgerichtet, ohne den Markenkern und die Botschaft zu verändern (*Wirtschaftswoche* 8/1999). DaimlerChrysler arbeitet an einem Luxusfahrzeug, das unter der Marke Maybach herauskommen soll. Als nächstes Retroprodukt will VW einen Bugatti anbieten. Nil, die älteste Zigarettenmarke Deutschlands, kommt wieder auf den Markt. Salamander holt die Werbefigur Lurchi wieder hervor und Persil wird in historisierenden Dosen verpackt.

Marken werden daran gemessen, welche strategische Position sie ermöglichen, nämlich als »Brand Equity«. Weltweit an der Spitze der stärksten Marken liegt Coca-Cola, hier beträgt die Brand Equity 38 Milliarden Dollar und erreicht damit fast den gesamten Börsenwert des Unternehmens.

Aber Marken sind keineswegs nur harmloser schöner Schein. Mit der Ausbreitung weltbekannter Marken wie Coca-Cola, Nike oder Sony werden von Delhi über Warschau bis Rio de Janeiro neue soziale Standards gesetzt. Ein solcher Ansturm ausländischer Kultur kann die kulturelle Vielfalt gefährden und bei den Menschen die Furcht vor dem Verlust ihrer kulturellen Identität wecken. Hier ist eine Unterstützung der einheimischen und nationalen Kultur gefordert, damit diese neben der aus dem Ausland hereinkommenden Kultur bestehen und gedeihen kann. Denn im Gegensatz zur europäischen, amerikanischen und japanischen Kultur, die über weit mehr als hundert Jahre Zeit hatten, in die Internationalität hineinzuwachsen und diese in die eigene Lebensweise zu integrieren, werden die weniger entwickelten Länder von der Werbung und den Marken praktisch überfallen und vergewaltigt.

Die Internetfalle

Werbung und Marken verschärfen die Unterschiede und die Unterscheidbarkeit zwischen den wenigen Erfolgreichen und den vielen Armen. Dazu tragen auch noch die neuen Informations- und Kommunikationstechniken bei. Sie spalten die Welt in Vernetzte und Isolierte. Angesichts drastisch gesunkener Kommunikationskosten und leicht zu bedienender neuer Instrumente unterhalten sich immer mehr Menschen weltweit über Internet, Handy oder Fax. Noch nie ist der Gebrauch eines Kommunikationsinstruments so schnell gewachsen wie im Falle des Internets: Es wird damit gerechnet, dass die Anzahl der Nutzer, die 1998 bei über 140 Millionen lag, bis 2001 die 700-Millionen-Marke überschreiten wird.

Mit Hilfe der Informations- und Kommunikationstechnologie kann ein auf Wissen aufgebautes Wachstum extrem beschleunigt werden. Beispiele hierfür sind Softwareexporte aus Indien, Computerdienste in Irland und die Datenverarbeitung in der östlichen Karibik.

Trotz seines Entwicklungspotenzials wirft das Internet schwerwiegende Probleme in puncto Zugang und Ausschluss auf. Wer war 1998 im Netz? Die Geographie ist entscheidend. In Thailand gibt es mehr Handys als in Afrika, aber auf Südasien, wo 23 Prozent der Weltbevölkerung leben, entfällt weniger als ein Prozent der Internetnutzer.

Bildung ist die eine Eintrittskarte für die »High Society« des Netzes – weltweit hatten 30 Prozent der Nutzer mindestens einen Universitätsabschluss –, Einkommen die zweite; denn es erkauft den Zugang. Der Kauf eines Computers kostet den durchschnittlichen Bangladeschi mehr als acht Jahreseinkommen, den Durchschnittsamerikaner lediglich einen Monatslohn. Männer und jüngere Menschen dominieren das Netz. In Japan sind lediglich 17 Prozent der Internetnutzer Frauen, in China nur 7 Prozent. Die meisten Nutzer in China und im Vereinigten Königreich sind jünger als 30 Jahre.

Englisch herrscht vor. Fast 80 Prozent aller Websites benutzen Englisch, obwohl weltweit weniger als ein Zehntel der Menschen diese Sprache spricht. Diese Exklusivität schafft parallele Welten, quer durch alle Länder. Wer über Einkommen, Bildung und Verbindungen im wörtlichen Sinn verfügt, hat preiswerten und sofortigen Zugang zu Informationen. Die Übrigen bleiben zurück, ihr Zugang ist ungewiss, langsam und teuer.

Wenn die Menschen aus diesen beiden Welten miteinander leben und konkurrieren, sind die Vorteile der Netzanbindung so überwältigend, dass die Stimmen und Anliegen der zur Bedeutungslosigkeit verurteilten und verarmten Menschen in der globalen Arena kein Gehör finden. Je geringer Wissen und Bildung sind, desto anfälliger sind die Menschen für die Botschaften der Werbung. Wer Wissen hat, kann sich aus den Markenfallen befreien, wenn er will. Ein Analphabet kann es nicht.

Die Servicefalle

Vor allem dort, wo die Menschen bisher einen mehr oder weniger guten Service gewohnt waren und man ihnen auch beigebracht hat, dass sie ihn zu erwarten haben, nämlich im Luftverkehr, reagieren sie heute besonders sauer auf den gravierenden Servicemangel.

Ein Hauptärgernis ist die unverschämte Art und Weise, in der die Fluggesellschaften ihre Passagiere hinsichtlich der Pünktlichkeit und der zur jeweiligen Abflugzeit vorliegenden Situation belügen. Meist wird ihnen erst einmal erzählt, dass der Abflug sich um eine halbe Stunde verschiebe. Dabei wissen die Angestellten der Fluggesellschaft ganz genau, dass die Maschine an ihrem derzeitigen Standort noch gar nicht abgehoben hat und selbst bei Vollgas eine volle Stunde brauchen würde, um dort hinzukommen, wo sie in einer halben Stunde schon wieder abfliegen soll.

Dass man mit Beschwerden zum Beispiel bei der Lufthansa nichts mehr ausrichten kann, wird einem dann deutlich, wenn man hört, dass dort jährlich 67 000 Beschwerdebriefe eingehen, von denen die meisten mit einem Standardbrief beantwortet werden. Wer heutzutage nicht pünktlich am Flughafen ist, und pünktlich heißt mindestens eine halbe Stunde vor Abflug, hat keine Chancen, seinen Sitzplatz noch einnehmen zu können. Denn der wird bei den meisten Fluggesellschaften dann rigoros weitergegeben.

Vor acht Jahren war die Deutsche Lufthansa so gut wie pleite. Heute nimmt sie mit zwei Milliarden DM Gewinn pro Jahr einen Spitzenplatz unter den bestverdienenden Fluggesellschaften ein. Auch wenn der

Kunde nicht zufrieden ist, er bucht trotzdem. Statt freundlicher Stewardessen muss er sich dann zwar mit irgendwelchen Blechkästen herumärgern, sich, wenn er überhaupt etwas bekommt, eine Tüte mit pappigem Brot von einem Tablett nehmen, aber das kann man ihm alles zumuten; denn er möchte Zeit sparen und transportiert werden. Service und Informationen darf jemand, der fliegt, getrost vergessen, auch wenn ihm das Gegenteil weisgemacht wird. Das ist die Servicefalle im Flugverkehr.

Wer nun annimmt, dass die Deutsche Bahn AG die Schwächen ihres Wettbewerbers Lufthansa im innerdeutschen Verkehr hemmungslos ausnutzt und die Kunden in Scharen auf ihre Seite zieht, irrt sich. Hier wird der Kunde ebenso schlecht behandelt wie im Flugzeug. Der Graben zwischen den in der Werbung behaupteten Leistungen wie Geschwindigkeit und Komfort und der Wirklichkeit öffnet sich immer weiter. Dabei wird der größte Wunsch der Kunden, nämlich die Vorhersehbarkeit dessen, was ihn erwartet, völlig ignoriert.

Mir ist eigentlich egal, wie schnell die Bahn ist, auch wenn es mich schon wundert, dass sie heute zum Teil langsamer fährt als vor sechzig Jahren, als man noch keinen ICE, sondern primitive Dampfloks hatte, auf denen die Kohle von Hand unter den Dampfkessel geschaufelt werden musste. Ich möchte bloß bequemer und stressfreier ans Ziel kommen als mit dem Auto. Aber genau das bekomme ich nicht. Es ist nicht bequem, auf kalten und windigen Bahnhöfen herumzustehen und auf verspätete Züge warten zu müssen.

Weshalb gibt es auf Bahnhöfen so wenig Windschutz und noch weniger Sitzplätze? Wenn die Bahn

Angst vor den Pennern und Drogensüchtigen hat, die sich dort breit machen könnten, dann sollte man ihnen eigene Räumlichkeiten schaffen; denn ebendiese haben wahrscheinlich auch keine Lust, sich zwischen frustrierten Reisenden herumzudrücken. Wenn ich schon auf meinen Zug warten muss, weshalb nicht in bequemen Polstersesseln bei einer kostenlosen Tasse Kaffee oder Tee? Was nützt es mir, wenn jede Stunde ein Zug nach überall fahren soll und keiner kommt? Dann lieber alle zwei Stunden ein Zug, der wirklich meinen Erwartungen entspricht.

Die »Unpünktlichkeitsanzeigen« sind die großartigste Form der Kundenveräppelung. Was habe ich davon, wenn ich weiß, dass auf dem Bahnhof, auf dem ich stehe, die Unpünktlichkeit heute zehn Prozent unter dem Bundesdurchschnitt liegt. Die Bahnmitarbeiter macht das auch nicht glücklich; denn sie können meinen Zug trotzdem nicht herbeizaubern und sind nur die Deppen, die von den Reisenden die eigentlich für den Vorstand bestimmte Prügel bekommen.

»All business is personal«, diesen Leitspruch haben die Konzernlenker der Bahn längst vergessen, sie degradieren die Menschen, ob Mitarbeiter oder Fahr-»gäste«, zu Funktionselementen von technischen Geräten und abstrakten Organisationen. Weshalb versuchen sie nicht das zu leisten, was möglich ist, sondern setzen abstrakte Ziele jenseits aller Realität? Die Vorstände der Bahn glauben offensichtlich, dass die Befehlsgewalt ihrer Position ausreicht, alles zu ordnen, wenn sie nur genügend Druck machen.

Aber wenn die Menschen fehlen, die leisten können und leisten wollen, hilft die Macht der Strukturen und des Marketings überhaupt nichts. Da kann die

Bahn AG ihren Mitarbeitern täglich eine Uhr schenken. Es wird nichts helfen, denn Uhren sind nicht Pünktlichkeit, sondern messen nur die Zeit bis zum Feierabend, um diesem unmenschlichen System zu entfliehen.

Der Glaube an die Strukturen hat bei der Bahn ebenso die Werte der Mitarbeiter und die Achtung der Kunden zerstört wie bei der Post. Was nützt mir der rote Punkt auf dem Briefkasten, wenn er bereits am frühen Nachmittag geleert wird und ich meine Briefe noch gar nicht geschrieben habe? Was nützt mir das Postamt, wenn ich eine halbe Stunde durch die Stadt fahren muss, um es zu erreichen? Da kann ich etliche Briefe gleich selbst austragen. Bahn- und Post-Vorstände glauben, ihr Unternehmen würde wie ein Supermarkt auf der grünen Wiese oder wie eine Autofabrik funktionieren. Das ist falsch.

Der wesentliche und wichtigste Service für Kunden von Bahn und Post lässt sich weder rationalisieren noch automatisieren. Ich brauche keine Hilfe, um einen Karton Waschpulver aus dem Regal zu nehmen und um mich zwischen zwei Schokoriegeln zu entscheiden, und ein Schweißroboter braucht, wenn er eingerichtet ist, niemanden, der ihm verantwortlich auch noch mitten in der Nacht einen Service bietet. Aber ich brauche jemanden, der den Schmutz von meinem Sitzplatz entfernt und dafür sorgt, dass ich – und nicht nur ich, sondern alle anderen auch – bequem reise. Und ich brauche jemanden, der mir auch noch um Mitternacht sagt, wie viel Porto auf einen Brief nach Schweden gehört, damit er pünktlich ankommt.

Die Aromafalle

Aromen werden selbst dort eingesetzt, wo man sie überhaupt nicht vermutet. So zum Beispiel in den Passagierhallen des Frankfurter Flughafens, wo eine Duftmixtur aus Zedernholz, Lavendel und Zitronen über die Klimaanlage verbreitet wird, die die Angst vor dem Fliegen lindern soll. Allerdings vermuten Fachleute, dass diese benebelnden Gerüche auch die Aggressionen der Fluggäste dämpfen sollen, denn immer häufiger kommt es zu Gewalttätigkeiten auf Flughäfen, weil die Menschen sich die schlechte Behandlung, die sich Service nennt, einfach nicht mehr bieten lassen wollen. Die Pünktlichkeit von Flügen ist in Deutschland inzwischen auf unter 70 Prozent gesunken. Und man kann bald davon ausgehen, dass so gut wie jeder zweite Flug nicht rechtzeitig rausgeht oder ankommt. Da hilft dann auch kein Lavendelduft mehr.

Die »Alles-fertig«-Falle

In Deutschland stammen rund drei Viertel aller Lebensmittel aus industrieller Produktion und in den USA ist die Hundert-Prozent-Marke bald erreicht. Da sich die Verbraucher aber – zumindestens vordergründig – qualitätsbewusst geben und echte Naturprodukte für die industrielle Verarbeitung nicht so leicht zu handhaben sind wie speziell dafür aufbereitete Stoffe, greifen die Nahrungsmittelkonzerne nicht nur auf Aromen mit dubioser Herkunft zurück, sondern auch auf Nahrungsbestandteile, die man eher in einem Misthaufen als auf dem Teller vermuten würde.

Viele Verbraucher sind beruhigt, wenn sie auf einer Verpackung lesen, daß naturidentische Aromen verwendet wurden. Sie sind sich nicht darüber im Klaren, dass naturidentisch nichts anderes heißt, als dass diese Aromen in irgendeiner Form bereits schon einmal in der Natur vorgekommen sind, und Natur ist auch das, was Bakterien ausscheiden oder was sich aus Holz oder anderen Fasern herausdestillieren lässt. Naturidentisch heißt also auf keinen Fall, dass der Pfirsichgeschmack von Pfirsichen stammen muss oder das Zitronenaroma von Zitronen.

In Deutschland ist Holzminden mit den beiden Marktführrern Dragoco und Haarmann & Reimer das Zentrum der Aromabranche mit ihren Milliardenumsätzen. Aber überall auf der Welt wird danach gesucht, echte Lebensmittel durch billigere Rohstoffe zu ersetzen, um deren ekligen Geschmack durch Aromen zu maskieren. Fruchtstücke in der Marmelade können Abfälle sein, denen man durch Zusatzstoffe wieder eine feste Konsistenz verliehen hat.

Das aus Japan stammende Surimi ist ein geschmackloses Fischeiweiß aus Meeresbewohnern, die bislang nicht in die menschliche Nahrungskette wanderten, das aber aromatisiert sowohl Garnelen als auch alle möglichen Meeresfrüchte ersetzt. Man könnte aus Surimi auch Wurst, Backwaren, Milchprodukte oder Pasta machen. Entscheidend sind nur die zugesetzten Aromen, nicht die Ausgangsubstanz. Mit all diesen künstlichen Nahrungsmitteln geht es nur darum, in den Industrienationen Geld zu scheffeln, indem man Kosten spart, wenn man Nahrungsmittel am Fließband produziert. Aromastoffe machen nämlich nicht satt, sondern täuschen nur etwas vor, was man gar nicht vor sich hat.

Der in Japan entwickelte Fleischersatz mit Namen »Jinko Nikku« hat als Ausgangspunkt Klärschlamm mit all seinen ekelhaften Bestandteilen bis hin zum Toilettenpapier. Am Markt ist dieses Produkt noch nicht; denn der Geschmack lässt immer noch zu wünschen übrig. Aber Verarbeitungsrückstände von Obst und Erdnüssen sowie Fischmüll findet bereits reichlich Eingang in Speisen aller Art, bevorzugt in leckere, schnell zuzubereitende Fertiggerichte.

Der Düsseldorfer Professor Arnold Hilgers schätzt, dass rund 30 Prozent aller Menschen auf manche Nahrungsmittel mit körperlichen Beschwerden reagieren. Andere Forscher identifizierten Zusatzstoffe aus Tütensuppen, Tiefkühlkost und Industriegebäck als Auslöser von Nesselsucht bei Kindern. Von den rund 25 Million deutschen Allergikern dürfte der größte Teil an nicht diagnostizierten Nahrungsmittelunverträglichkeiten leiden.

Gerade bei Kindern, die hyperaktiv sind, lassen sich die Symptome in 60 Prozent aller Fälle dadurch kurieren, dass man sie statt mit Fertigpizzen, Tütensuppen, Ketchup und Cornflakes mit naturbelassenen Nahrungsmitteln ernährt. Bei Kindern, die an Migräne leiden, gelingt dies sogar in 80 Prozent aller Fälle. Allerdings wollen die Nahrungsmittelkonzerne auf Allergiker keine Rücksicht nehmen. Deren Risiko, durch nicht deklarierte und oft nur in Spuren vorhandene Zusatzstoffe zu erkranken oder zu sterben, wächst überproportional an.

Beispiele gibt es genug. Ob nun Gebäck mit Vollei zubereitet wird, in dem sich Reste von Fischmehl befinden, mit dem die Tiere in der Legebatterie gefüttert wurden, Reste, die dann Fischallergikern zu schaffen machen, oder ob in irgendwelchen Likören

Milcheiweiß verarbeitet wird, oft genug ist sich die Industrie selbst nicht darüber im Klaren, was sie alles ins Essen hineinpackt. Soja und Erdnüsse finden auf so verschlungenen Wegen ihren Eingang in Pizzen oder in Kuchen, dass selbst eine längst überfällige Datenbank kaum noch Abhilfe schaffen könnte. Wer wirklich gesund leben will, sollte, so lautet der Rat der Mediziner, die Finger von Fertigprodukten lassen.

Die programmierte Orientierungslosigkeit der Kunden

Es wird immer schwieriger, das Recht der Verbraucher auf Produktsicherheit und Produktinformation zu schützen. Zunehmend kommen neue Produkte mit einem hohen Anteil an chemischen Stoffen auf den Markt, vor allem Nahrungsmittel und Medikamente. Wenn hier nicht ausreichend informiert wird oder die Sicherheitsstandards nicht streng durchgesetzt werden, können die Verbraucher Schaden nehmen: zum Beispiel durch Gifte, Pestizide oder durch verseuchtes Milchpulver.

Gleichzeitig überflutet die kommerzielle Werbung den Verbraucher mit Informationen. Es wird geschätzt, dass der Durchschnittsamerikaner im Verlauf seines Lebens 150 000 Werbespots im Fernsehen sieht. Auf der ganzen Welt expandiert die Werbung schneller als die Bevölkerung oder das Einkommen. Die vorsichtigsten Schätzungen gehen davon aus, dass heute weltweit 435 Milliarden Dollar jährlich für Werbung ausgegeben werden.

Das schnellste Wachstum der Werbeausgaben verzeichnen Entwicklungsländer: die Republik Korea eine Verdreifachung zwischen 1986 und 1996, die Philippinen im Zeitraum 1987 bis 1992 eine Steigerung um 39 Prozent jährlich. Unter den 20 Ländern mit den höchsten Werbeausgaben waren 1986 nur drei Entwicklungsländer, zehn Jahre später schon neun. Vergleicht man die Werbeausgaben mit dem Einkom-

men, so steht Kolumbien mit 1,4 Milliarden Dollar
oder 2,6 Prozent seines Bruttoinlandsprodukts an erster Stelle.

Der Versicherungsirrtum

Immer mehr private Krankenversicherungen bieten
neben den bisher üblichen Versicherungspolicen Bil-
ligversionen an und versuchen damit vor allem, neue
Kunden an sich zu ziehen, die bisher gesetzlich versichert waren. »Basistarif«, »Grundschutz«, »Fun«,
»Elementar« oder »Kompakt-Grundschutz« nennen
sich diese Billigangebote, die zurzeit reißenden Absatz finden. Denn seitdem Anfang der Neunzigerjahre die Prämien in der privaten Krankenversicherung
explodierten, achten die Kunden immer mehr auf den
Preis.

Allerdings sind sich die meisten der Versicherten
nicht darüber im Klaren, dass entsprechend den
geringeren Prämien bei den Billigpolicen auch die
Leistungen entsprechend gekappt werden. Und die
Versicherungen versuchen alles, um in ihren Versicherungsbedingungen die Leistungsbeschreibungen
zu verschleiern.

So heißt es zum Beispiel: »Aufwendungen für ärzt-
liche und zahnärztliche Leistungen sind bis zum Regelhöchstsatz der jeweils gültigen Gebührenordnung
für Ärzte (GOÄ) beziehungsweise Zahnärzte (GOZ) er-
stattungsfähig.« Wer aber glaubt, dass er bei Erstat-
tung des »Regelhöchstsatzes« optimal versichert sei,
der irrt sich gewaltig. Der Regelhöchstsatz ist nämlich nicht die Spitze des Kostenbergs, sondern nur der
in der Regel erklommene Gipfel davor. Ärzte können

ohne weiteres den »Höchstsatz« abrechnen, mit der Folge, dass der Patient dann 34 bis zu 51 Prozent des Rechnungsbetrags aus eigener Tasche zahlen muss.

Für Heilmittel wie Massagen und Krankengymnastik muss der Patient bei den meisten Billigversicherungen zehn bis zwanzig Prozent Eigenanteil zahlen, beim Basistarif der Continentale sogar den vollen Betrag. Das Gleiche gilt für Hilfsmittel wie Brille, Hörgerät, Krücken oder Rollstuhl. Dass die Billigversicherung keinen Anspruch auf Einzelzimmer oder Chefarztbehandlung beinhaltet, lässt sich schon eher verschmerzen. Die meisten Billigpolicen verpflichten auch den Versicherten, erst zum Hausarzt zu gehen, um sich bei Bedarf zum Facharzt überweisen zu lassen. Wer denkt, er könne den Arzt frei wählen, muss zwanzig Prozent der Rechnung aus eigener Tasche zahlen.

Was bei allen Krankenversicherungen immer weniger berücksichtigt wird, ist der medizinische Fortschritt; denn der ist teuer. Besonders chronisch Kranke haben darunter zu leiden. Für sie interessieren sich nicht einmal die deutschen Sozialpolitiker. Neue Medikamente, ob für psychisch Kranke oder für Schmerzpatienten, werden immer häufiger aus Kostengründen verweigert. Normal und schmerzfrei kann bald nur noch der leben, der reich ist und bereit, seinen Reichtum in seine Gesundheit zu investieren. Die Krankenversicherungen brauchen das Geld ihrer Beitragszahler für ihren Verwaltungsapparat, für ihre Eigenwerbung und im Zweifelsfall zur Gewinnausschüttung an ihre Aktionäre.

Schon heute gibt es eine Vielzahl von Versicherungen, der der Kunde orientierungslos gegenübersteht. Und die Versicherungskonzerne finden immer neue

Angebote, die sie dann dem Kunden aufdrücken, indem sie auf seine Ängste setzen. Neu sind zum Beispiel Invaliditätsversicherungen für Kinder, die das abgedeckte Risiko übertreiben, viel Geld kosten und darüber hinaus noch lückenhaft sind. Das Geschäft läuft aber gut. Für die Allianz sind diese Kinderpolicen eigenen Angaben zufolge die erfolgreichste Produkteinführung der vergangenen Jahre. In den Jahren 1997 und 1998 konnte sie über 90 000 dieser Zusatzversicherungen zur Unfallversicherung verkaufen.

Wenn man die schlimmstmögliche Katastrophe üppig ausmalt, sind die Eltern bereit zu zahlen. Von allein kommen die meisten Eltern aber nicht auf die Idee, ihre Kinder gegen Invalidität als Folge von Krankheiten zu versichern, hat eine Allensbach-Untersuchung festgestellt. Nur neun Prozent befürchten eine schwere Erkrankung und Behinderung der Kinder. Die Versicherungen schüren die Angst vor Epilepsie, Asthma, Hirnhautentzündung und vor den Folgen einer Gelbsucht oder Kinderlähmung. Gegen die meisten dieser Krankheiten muss man sich impfen lassen und nicht versichern, lautet die Reaktion der Ärzte.

Bei den meisten der behinderten Kinder handelt es sich um angeborene Defekte oder während der Geburt verursachte Schäden. Und diese Behinderungen werden in der Regel nicht von den Versicherungen abgedeckt. Da angeborene Krankheiten oft erst nach einigen Jahren auftreten, vermuten Kritiker, die Versicherungen würden im Invaliditätsfall auf den Sachverhalt „Angeborene Defekte« pochen, um sich vor der Zahlung zu drücken.

Den Abschluss einer privaten Berufsunfähigkeitsversicherung für Erwachsene halten Experten dagegen für sinnvoll beziehungsweise notwendig. Das Angebot ist unübersichtlich, rund 120 Lebensversicherer bieten Berufsunfähigkeitspolicen an, meist zusätzlich zu Lebensversicherungen. Experten warnen davor, ausschließlich auf den Preis zu achten, sondern raten, die umfangreichen Versicherungsbedingungen ausgiebigst zu studieren. Denn die Versicherungen finden immer wieder Tricks, die Leistung zu verweigern.

So genannte Verweisungsklauseln verlangen, dass der Versicherte, der seinen erlernten oder zuletzt ausgeübten Beruf nicht mehr ausüben kann, eine andere Tätigkeit aufnehmen muss. Jeden Alternativberuf muss man sich aber nicht gefallen lassen, sondern nur den, der der Ausbildung und Erfahrung des Versicherten entspricht. Eine Versicherung will sogar nicht zahlen, wenn der Versicherte nach »zumutbarer Umorganisation des Arbeitsplatzes« eine Arbeit ausüben könnte, die seiner Ausbildung, Erfahrung und bisherigen Lebensstellung entspricht (siehe dazu *Wirtschaftwoche* 24/1999).

Der Informationsirrtum

Um den Kunden gekonnt an der Nase herumzuführen, gehen immer mehr Branchen dazu über, eine Art Geheimcode zu entwickeln, den die Insider zwar gut verstehen, der aber den Kunden über die Tatsachen im Dunkeln läßt. Eine Branche, die diesen Geheimcode fast zur Perfektion entwickelt hat, ist die der Wohnungsmakler. Ihnen geht es darum, erst einmal überhaupt einen Interessenten an die Angel zu bekommen, um ihn dann mehr oder weniger gekonnt über den Tisch zu ziehen.

Denn die meisten Deutschen haben, was ihre Wohnung betrifft, völlig überzogene Vorstellungen, die erst einmal auf ein praktisches und realisierbares Maß zurückgestutzt werden müssen. Sie wünschen sich eine Südlage, aber im Sommer nicht zu warm. Sie wünschen sich große Fenster, aber es soll niemand hereingucken können. Bei solchen unrealistischen Wünschen setzt die Arbeit der Makler an. Um aber überhaupt erst einmal an den Kunden zu kommen, müssen sie ihn ködern.

Eine zentrale Lage ist bei vielen Wohnungssuchenden besonders beliebt. Jeder Düsseldorfer möchte zum Beispiel am liebsten direkt hinter der Kö oder in der Altstadt wohnen. Dass sich hinter diesem Begriff der zentralen Lage aber auch ein gewisser Lärmpegel verbirgt, wird zunächst einmal nicht berücksichtigt. Wenn in einer Wohnungsanzeige also nicht der Hinweis »ruhig« steht, kann die »zentrale Lage« sich auch an einer Hauptstraße oder Bahnlinie befinden.

Ein »Einfamilienhaus« ohne den Zusatz »frei stehend« ist kein Einzel-, sondern ein Reihenhaus. Eine Etagenwohnung ohne den Hinweis auf eine kleine Wohnanlage kann durchaus auch in einem Massenhochhaus liegen oder in einer der Betonburgen, in der sämtliche sozialen Klassen auf engstem Raum zusammengepfercht sind. »Wenige Autominuten von der Innenstadt« steht meist für abgelegen und schlecht erreichbar. Ein Haus ohne Grundstücksgröße steht wahrscheinlich auf einem Minigrundstück, das gerade noch die Möglichkeit gibt, von außen die Fenster zu putzen.

Wird über den Zustand des Objekts keine Aussage

gemacht, darf man davon ausgehen, es ist herunter-gekommen. Aber natürlich schwelgen die Makler auch in Superlativen. »Parkartig« ist meist nur ein ganz normaler Garten, in dem ein paar Blumen stehen, und »ideal für handwerklich geschickte Bewohner« heißt, dass man das Haus wahrscheinlich lieber abbrechen sollte, als es zu beziehen.

Wenn ein Deutscher etwas Gedrucktes in die Hand gedrückt bekommt, geht er ganz ehrfürchtig immer noch davon aus, dass das, was geschrieben worden ist, auch der Wahrheit entspricht. Von dieser unkritischen Grundeinstellung profitieren all die Firmen, die mit Kundenzeitungen und -zeitschriften an den Markt gehen. Immerhin gibt es in Deutschland mehr als 2000 Kundenzeitschriften-Titel mit insgesamt 350 Millionen Exemplaren Gesamtauflage. Die Zeitschriften, für die man bezahlen muss, kommen gerade einmal auf 26 Millionen Exemplare pro Erscheinungsintervall.

Mit Kundenzeitschriften werden fast vier Milliarden DM Umsatz in Deutschland gemacht. Ob die Informationen, die der Kunde erhält, auch das Papier wert sind, auf dem sie gedruckt sind, ist oft fraglich. Die Aufmachung mag journalistisch sein, das Ziel solcher Publikationen bleibt jedoch, dem Kunden etwas zu verkaufen oder den Kunden zumindestens an eine Marke zu binden. Einerseits wird dieser wachsende Markt von Kundenzeitschriften irgendwann zu einem absoluten Überdruss auf der Kundenseite führen, und andererseits ist er bestens geeignet, anspruchsvolle Kaufzeitschriften kaputtzumachen.

Denn wirklich gute Informationen, brauchbare und nützliche, werden immer schwieriger zu beschaffen sein und immer teurer werden, während oberflächliche Desinformationen, auch wenn sie gut und journalistisch verpackt werden, immer billiger werden. Letzten Endes versuchen die Unternehmen – und es sind natürlich wieder hauptsächlich die großen Konzerne –, sich mit ihren Kundenzeitschriften gegenseitig das Geld für Anzeigen aus der Tasche zu ziehen. Wer etwas über Luxusuhren liest, möchte auch Anzeigen von Luxusautos sehen – und umgekehrt.

Eines der besten Instrumente, die Kunden für dumm zu verkaufen, ist für die Industrie immer noch die Gebrauchsanleitung. Gleichgültig, wie oft dieses Thema schon auf den Tisch gekommen ist, geändert hat sich eigentlich wenig. In Bedienungsanleitungen wird der Kunde allenfalls über den Normalfall und über Dinge informiert, die er eigentlich ohnehin weiß oder die ziemlich selbsterklärend sind. Bei Computern beginnt die Bedienungsanleitung oft genug mit der Erklärung, wie man das Gerät aus seiner Verpackung nimmt. Dass man die Plastiktüte über der Tastatur abziehen soll, dass man den Pappstreifen aus dem Laufwerk entfernen muss, wenn man eine Diskette einführen möchte, und ähnliche Weisheiten werden dann über mehrere Seiten ausgebreitet.

Wenn man allerdings etwas zur Fehlerbehebung erfahren möchte, wird man oft genug auf eine meist gebührenpflichtige so genannte Hotline verwiesen, die einem im ungünstigsten Fall nur mitteilt, dass sich die Telefonnummer geändert hat. Im günstigeren Falle sitzt dort jemand, der seine Deutschkenntnisse gerade einmal im Schnellkurs erworben hat und ausgerechnet das Gerät, das vor einem steht und nicht tut, was es soll, nur bedingt kennt.

Wenn man richtig Glück hat, kommt man an einen Spezialisten, und dann stellt sich auf einmal heraus, dass dieses Gerät – bleiben wir einmal bei dem Computer – überhaupt nicht so funktioniert, wie es eigentlich soll, sondern dass der Hersteller sich einiger unüblicher Tricks bedient hat, die zum Beispiel ein CD-ROM-Laufwerk mit der Software verbinden. Man erfährt, dass mit den marktüblichen Programmen überhaupt nichts auszurichten sei, sondern man die spezielle Programmierung des Herstellers nehmen müsse, die leider, leider erst per Post zugeschickt wird – und nicht etwa dem Gerät beilag.

Bedienungsanleitungen haben nur zu oft die Aufgabe, über Mängel hinwegzutäuschen, unpraktische Handhabungen zu kaschieren und aufgrund ihrer Dicke, weil man ja bei internationalen Herstellern praktischerweise bis zu zehn verschiedene Sprachversionen in die Bedienungsanleitung packt, eine Menge an Informationen vorzutäuschen.

Der Inhaltsirrtum

Es ist doch erstaunlich, dass trotz der hochgezüchteten Technik diese bei der Befüllung von Verpackungen regelmäßig versagt. Immerhin wurde bei Stichproben der deutschen Eichbehörden bei 7,6 Prozent aller Verpackungen festgestellt, dass diese weniger enthielten, als auf ihnen angegeben war. Besonders schwierig scheint es zu sein, einen Liter Speiseöl abzufüllen, denn bei diesem Produkt betrug der Mindermengenanteil 14,3 Prozent.

Auch bei einem Hühnchen scheint es schwierig zu sein, es genau auszuwiegen; denn hier lagen bei 18,5 Prozent aller Verpackungen das tatsächliche Gewicht und das angegebene auseinander, und zwar zuungunsten des Verbrauchers. Zu wenig Inhalt gab es in 12 bis 17 Prozent der Verpackungen von Autopflegemitteln, Mineralöl und Brennstoff. Auch bei Spirituosen und Weinen scheint das Abmessen von 0,7 Liter mit allergrößten Problemen behaftet zu sein, denn in jeder zehnten Flasche war zu wenig drin.

Die deutschen Behörden haben festgestellt, dass durch diese Differenz zwischen angegebener und tatsächlich enthaltener Menge bis zu zehn Prozent des Verkaufspreises als zusätzlicher Gewinn verbucht werden können, besonders wenn es sich um teure Produkte handelt. Man könnte sagen, dass hier mit System geschummelt wird und jeder Verbraucher gut beraten ist, wenn er zum Beispiel im Supermarkt schon einmal schaut, in welchen Flaschen weniger oder mehr drin ist.

Der Leistungsirrtum

Weshalb gibt es in Deutschland eigentlich nicht – wie in den meisten anderen europäischen Ländern – ein generelles Tempolimit auf den Autobahnen? Umweltpolitiker sehen in der Geschwindigkeitsbeschränkung einen Vorteil wegen des geringeren Kraftstoffverbrauchs, die Automobilindustrie hält jedoch stramm dagegen. Und sie argumentiert so, dass durch eine niedrigere Spitzengeschwindigkeit die Verweildauer der Autos auf den Autobahnen sprunghaft steigen würde. Dadurch erhöhe sich der Stress und durch die Monotonie des Langsamfahrens könne es sogar zu mehr Unfällen kommen.

Der eigentlich wahre Grund ist aber der, dass aus technischer Sicht eine Geschwindigkeitsbegrenzung dazu führen würde, dass 50 Millionen Kraftfahrzeuge technisch völlig falsch ausgelegt wären. Ein Auto, das für 180, 200 oder gar 230 Stundenkilometer gebaut ist, soll auch in diesen Bereichen noch Sicherheit und Beherrschbarkeit garantieren. Also sind das Fahrwerk und die Bremsen sowie natürlich auch der Motor grundsätzlich für diesen Endbereich ausgelegt.

Solche feinen Unterschiede wie in den Sechzigerjahren, wo noch zwischen Dauergeschwindigkeit und Spitzengeschwindigkeit fein unterschieden wurde und die Automobilbauer von den Benutzern ihrer Fahrzeuge erwarteten, dass sie diesen Unterschied kannten und die möglichen Höchstdrehzahlen des Motors nur gezielt und kurzfristig einsetzten, sind längst vorbei. Der moderne Autofahrer setzt sich ziemlich tumb in seine Kiste und erwartet, dass vom Hersteller bereits alles geregelt wurde und er nicht mehr mitzudenken braucht. Ein Tempolimit würde also dazu führen, dass man wieder einfachere, preiswertere und weniger umweltverzehrende Autos bauen könnte – wenn man es wollte.

Aber es gibt noch ein Hauptargument gegen das Tempolimit, und das scheint mir in Deutschland das wichtigste zu sein. Eine niedrigere Beanspruchung des Autos würde seine Lebensdauer unendlich verlängern und sich dadurch negativ auf das Geschäft der Kraftfahrzeugwerkstätten auswirken. Im Klartext heißt das nichts anderes, als dass ein Auto, das 200 Stundenkilometer fahren kann, aber nur mit der Hälfte seiner Leistung belastet wird, nur noch selten kaputtgeht, die Bremsen weniger verschleißen und es daher noch seltener in die Werkstatt müsste, als es so der Fall ist.

Wenn so selten am Fahrzeug etwas kaputtgeht und

der Autofahrer so selten in die Werkstatt muss, würde er dann auch sein Auto länger fahren und sich nicht nach zwei oder drei Jahren wieder ein Neufahrzeug kaufen. Das wollen die Automobilhersteller natürlich auf jeden Fall verhindern.

Warum macht die Automobilindustrie nicht eine Werbung, in der es heißt, mit schnellen Autos schneller in die Werkstatt? Wo der Deutsche doch alles so billig haben möchte, würde er sich dann vielleicht überlegen, ob er nicht sein Tempo reduziert.

Kontinuierlicher Verbesserungsprozess global braucht ein entwickeltes Kundenbewusstsein

Alle oder doch die meisten Leser dieses Buches werden in den hoch entwickelten Ländern leben. Sie werden ihren Lebensstil als normal empfinden oder in vielen Fällen sogar für verbesserungswürdig halten. Beides will ich ihnen nicht streitig machen und ich will auch keinen puren Konsumverzicht predigen.

Ich möchte ganz einfach, dass Sie vor dem Hintergrund des bisher in diesem Buch Geschriebenen darüber nachdenken, wie einerseits Ihr ganz persönliches Leben und andererseits die Welt in zehn, zwanzig oder dreißig Jahren aussehen sollen. Passt beides zusammen, ergibt beides eine logische Einheit, oder klaffen dort unüberbrückbare Widersprüche? Können und wollen Sie so weitermachen wie bisher? Oder halten Sie es für sinnvoll, etwas zu ändern?

Die meisten Menschen machen sich durchaus Gedanken darüber, wie sich ihr Konsum auf ihre eigene Gesundheit und Sicherheit, aber auch auf Umwelt und Gesellschaft im Allgemeinen auswirkt. Allerdings ziehen sie aus ihren Gedanken und Sorgen nur selten Konsequenzen, sondern verdrängen jene oder verschieben die Lösungen auf einen späteren Zeitpunkt.

Die meisten Menschen, auch in den hoch entwickelten Ländern, sehen sich allerdings auch in einem System begrenzter Wahl- und Entscheidungsmöglichkeiten gefangen und mit falschen Anreizen

konfrontiert. Die Gründe dafür habe ich bereits ausführlich dargelegt. Die globalen Konzerne verfolgen
nur ihre eigenen Ziele, nicht die ihrer Kunden, sie fördern Egoismus und fürchten Individualität. Sie versuchen mit allen kommunikativen Mitteln, das Denken der Menschen in ihrem Sinne zu strukturieren,
um die Freiheit des Konsums zu beschränken und in
die von ihnen gewünschte Richtung zu lenken. Doch
das ist für uns keine Entschuldigung, um alles beim
Alten zu belassen.

Für die Zukunft besteht zurzeit noch die Wahlmöglichkeit,

— die Ungleichheit weiter wachsen zu lassen oder
— zu versuchen, einem gewissen Anteil der Armen
  mit unserer Hilfe einen Lebensstil und einen Lebensstandard zu verschaffen, der dem unseren
  gleicht und auf die gleiche Weise zustande kommt,
  oder
— alle Menschen gemeinsam versuchen zu lassen,
  den neuen Weg des Globalen Kontinuierlichen
  Verbesserungsprozesses zu gehen.

Der Globale Kontinuierliche Verbesserungsprozess

Über den Kontinuierlichen Verbesserungsprozess
(KVP) habe ich in meinen bisherigen Büchern schon
viel geschrieben. Ursprünglich war er eine Sammlung
verschiedener Instrumente, die der Verbesserung der
betrieblichen Abläufe dienten. Zum Kontinuierlichen
Verbesserungsprozess gehörten:

abteilungsübergreifende Teamarbeit und Kooperation,
mitdenkende Mitarbeiter,
Weiterqualifizierung der Mitarbeiter,
Multifunktionsarbeiter,
Vorschlagswesen,
Forschung und Entwicklung/Innovation und Kreativität,
visuelles Management;

Probleme offen legen,
Offenheit und Ehrlichkeit,
Veränderungen sofort ausführen;

just in time,
just do it,
prozessorientiertes Management,
Kanban-System (Auftragsfertigung, bei der Informa-
tions- und Materialfluss verbunden sind),
Standardisierung,
Kampf der Verschwendung,
Null-Puffer,
Losgröße 1,
Null-Fehler-Prinzip,
Qualitätssicherung,
Zulieferintegration;

Kundenorientierung.

Der Globale Kontinuierliche Verbesserungsprozess
muss für die Zukunft entsprechend erweitert werden.
Entsprechend der innerhalb und zwischen Unternehmen abteilungsübergreifenden Teamarbeit und
Kooperation müssen nun auch Regierungen, interna-

tionale Organisationen und internationale Verbraucherorganisationen zusammenarbeiten. In diesen Kreis können auch all jene Unternehmen aufgenommen werden, die so intelligent sind, dass sie erkennen, wohin die Entwicklung geht.

Zukünftig werden die Rolle des Kunden und die des Mitarbeiters immer stärker miteinander verwachsen. Mitdenken, Weiterqualifikation, Multifunktionalität und mutige Vorschläge gegenüber Konzernen, Regierungen, Institutionen und Organisationen sind vom globalen Kunden gefordert. Als Kunde wird er sich immer stärker in den Forschungs- und Entwicklungsprozess der Unternehmen einbringen können und müssen. Das Internet wird dafür sorgen, dass alle Bescheid wissen.

An der Notwendigkeit, offen und ehrlich miteinander umzugehen, wird sich nichts ändern. Auch das exakte Timing wird seinen Stellenwert behalten oder sogar in seiner Bedeutung wachsen. Der Kampf gegen die Verschwendung wird zu einem zentralen Thema werden ebenso wie die bedarfsgerechte Produktionsoptimierung und die Vernetzung aller am Produktions- und Verteilungsprozess Beteiligten.

Der Kern des Globalen Kontinuierlichen Verbesserungsprozesses ist also die Schaffung eines günstigen Umfeldes für nachhaltigen Konsum, das den Verbrauchern wie auch den Erzeugern Anreize und Möglichkeiten bietet, sich für Konsummuster zu entscheiden, die weniger umweltschädlich sind und weniger negative Auswirkungen auf die Gesellschaft haben.

Im Einzelnen bedeutet das:

– eine Umverteilung vom Konsumenten mit hohen
zu solchen mit niedrigen Einkommen vorzuneh-
men, mit dem Ziel einer Anhebung des Konsumniveaus von über einer Milliarde armer Menschen
(mehr als ein Viertel der Menschheit), die von der
weltweiten Expansion des Konsums bisher ausgeschlossen waren und nicht in der Lage sind, ihre
Grundbedürfnisse zu decken.

Damit ist keine Wiederauflage des Sozialismus gemeint. Bereits heute findet immer wieder eine Umverteilung statt, zum Teil von der Öffentlichkeit
unbemerkt oder gerade unter Einbeziehung der Öffentlichkeit mit einem großen Medienrummel. Man
braucht nur an die Erdbebenkatastrophe in der
Türkei zu denken. Die Spendenbereitschaft der
Deutschen war besonders groß und auch aus dem
Staatshaushalt wurden Mittel locker gemacht. Es
war gut und richtig, den Opfern zu helfen.

Aber es reicht nicht, immer nur den Opfern zu helfen, denn die eigentliche Katastrophe lag darin,
dass vorher raffgierige Bauunternehmer und -kon-
zerne aus Gewinnsucht Häuser gebaut haben, die
nicht erdbebensicher waren. Hätte man vorher nur
einen Bruchteil der Spendengelder für die Arbeit
einer effektiven und hart durchgreifenden Kon-
trollinstitution ausgegeben, hätte man das restli-
che aufgewendete Geld viel sinnvoller statt für den
Wiederaufbau für den weiteren Ausbau verwenden
können. Das wäre ein Teil des Globalen KVP gewesen;

– von umweltbelastenden zu sauberen Produktions-
verfahren und Gütern zu gelangen.
Das erfordert den Übergang zu nachhaltigeren
Konsummustern. Damit sind solche gemeint, die
die Umweltschäden verringern, die Effizienz der
Ressourcennutzung erhöhen und erneuerbare Ressourcen (Wasser, Holz, Böden, Fischbestände) regenerieren;

– Güter, die die Konsumenten mit niedrigen Einkommen stärken, zu produzieren.
Das erfordert eine Abkehr von Konsummustern,
die sich negativ auf die Gesellschaft auswirken und
Ungleichheit und Armut verschärfen. Dazu gehören auch der Schutz und die Förderung der Rechte der Verbraucher auf Information, Produktsicherheit und Zugang zu den Produkten, die sie
benötigen.

– die derzeitige Priorität für die Produktion von Lu-
xusgütern aufzugeben zugunsten einer Priorität
für Güter zur Deckung der Grundbedürfnisse.
Viele Luxusgüter werden in den hoch entwickelten
Gesellschaften überhaupt nicht mehr als etwas Besonderes wahrgenommen. Das beginnt bei der unendlich großen Auswahl zwischen den verschiedensten Bier- und Mineralwassermarken, was bei
uns niemand mehr für Luxus hält, sondern als
selbstverständlich ansieht. Denn er muss nicht
froh sein, überhaupt etwas zu trinken zu bekommen.
Geschmacklich kann niemand einen Unterschied
zwischen den Marken herausfinden, sondern nur
durch den Blick aufs Etikett. Trotzdem werden die

schweren Flaschen von den großen nationalen An-
bietern quer durch ganz Deutschland gefahren, um
auch in den entlegensten Städtchen in Wettbewerb
treten zu können. Das ist Luxus. Weshalb reicht
nicht die Auswahl zwischen drei regionalen Anbie-
tern?

Luxus besteht zu jeder Zeit und in jeder Gesellschaft immer genau darin, das zu verbrauchen, was
knapp und daher wertvoll ist. Der Besitz ist Reichtum und erst der Verzehr Luxus. Waren Arbeitskräfte knapp, galten Diener als Luxus, ein Wan-
nenbad in der Wüste ist ebenso Luxus wie ein Auto
mit hohem Verbrauch in Skandinavien.

Heute steht in den Kulturen der Industrieländer
alles, was die Umwelt aufzehrt, als Luxus hoch im
Kurs. Gebäude, die so gebaut sind, dass man es im
Inneren nur mit einer Klimaanlage aushält, die
viel Energie verbraucht, um die Wärme durch Son-
neneinstrahlung zu reduzieren, sind gerade bei
Banken und Versicherungskonzernen gern genutz-
te Symbole der Macht.

Es gehört zum Globalen Kontinuierlichen Verbesserungsprozess, auch den Luxusbegriff neu zu definieren beziehungsweise ihn mit anderen Inhalten
zu füllen. Zum Beispiel könnten wirklich ökologi-
sches Verhalten von der Grundstücksnutzung über
den Hausbau bis hin zur Abwasseraufbereitung gesellschaftlich aufgewertet und diese Wertschät-
zung zu einem Luxusgut gemacht werden. Jemand,
der sich ökologisch korrekt verhält, genießt in
Deutschland zur Zeit nämlich weniger Bedeutung
als jemand, der in einer Talkshow darüber redet,
dass er dicke Frauen lieber mag als dünne.

Konsum als Teil des Globalen KVP

Um Teil des Globalen Kontinuierlichen Verbesserungsprozesses zu werden, muss der Konsum folgende Voraussetzungen erfüllen:

– Er muss allen Menschen zugute kommen, das heißt, er muss sicherstellen, dass alle ihre Grundbedürfnisse decken können;
– er muss die Menschen stärken, das heißt ihre Lebens- und Entwicklungschancen erweitern;
– er muss von sozialer Verantwortung getragen sein, das heißt, der Konsum der einen darf nicht das Wohlergehen der anderen beeinträchtigen;
– er muss nachhaltig sein, das heißt er darf die Lebensmöglichkeiten künftiger Generationen nicht gefährden.

Falsche Entscheidungen überspringen

Die Menschen in den Entwicklungsländern stehen heute, wie schon erwähnt, vor einer grundsätzlichen Entscheidung, die sie aber nicht allein fällen können, ohne sich der Unterstützung der wirtschaftlichen starken Länder sicher zu sein. Sie können die Industrialisierungs- und Wachstumsprozesse des zurückliegenden halben Jahrhunderts wiederholen und eine Entwicklungsphase durchlaufen, die unausgewogen ist und ein hohes Maß an Umweltverschmutzung für künftige Generationen hinterlässt.

Oder sie können diese Phase überspringen und direkt zu Wachstumsmustern übergehen, die umweltfreundlich sind, weil sie die natürlichen Ressourcen erhalten und weniger Verschmutzung und Abfall verursachen, und die auf die Armen Rücksicht nehmen, indem sie Arbeitsplätze für arme Menschen und Haushalte schaffen und ihren Zugang zu sozialen Grundversorgungsdiensten erweitern.

Wenn es den armen Ländern gelingt, bei den Konsummustern und Produktionstechniken die schädlichen Etappen zu überspringen, dann können sie das Konsumwachstum und die menschliche Entwicklung beschleunigen, ohne enorme Kosten durch Umweltschäden zu verursachen. Sie können sich viele der heute verfügbaren Techniken zunutze machen, die nicht nur weniger umweltschädlich, sondern auch sauberer sind: Sonnenenergie, weniger energieintensive landwirtschaftliche Anbaumethoden und Techniken der Papierherstellung, die die Umwelt weniger belasten. Natürlich werden sie dabei auf den Widerstand der globalen Konzerne stoßen, die ihre Gewinne überwiegend mit dem Einsatz alter Technologien erzielen.

Der Sprung zu modernen Technologien wird die Entwicklungsaussichten erheblich verbessern, denn auf diese Weise können die enormen Kosten für eine Sanierung der Umwelt, mit denen sich viele Länder heute konfrontiert sehen, von vornherein vermieden werden. Diese Kostenersparnis betrifft nicht nur die direkten Kosten, die bei der Sanierung giftiger Altlasten, der Modernisierung von Kohlekraftwerken und Ähnlichem entstehen, sondern reicht noch wesentlich weiter. Auch Kosten für das Gesundheitswesen im Zusammenhang mit Umweltschäden können vermieden werden. Ein weiterer Vorteil dieses Überspringens von Etappen ist die Überwindung von Problemen, die auf einen unzureichenden Ausbau der Infrastruktur zurückgehen.

Lösungen konsequent von der Umwelt her konzipieren

Oft wird behauptet, in den armen Ländern gebe es nur einen sehr eingeschränkten Spielraum für preiswerte, wirksame und politisch weniger umstrittene Maßnahmen gegen Umweltverschmutzung. Dies ist eine Lüge. Einiges wurde bereits unternommen und es bieten sich weitere Möglichkeiten an:

— Intensivere, biologische landwirtschaftliche Anbaumethoden, die auf den Einsatz von immer mehr Düngemitteln und immer mehr Pestiziden verzichten, können die Erträge erheblich steigern. Allerdings verdienen die Chemiekonzerne an synthetischem Dünger und an Schädlingsbekämpfungsmitteln aus der Retorte mehr als an biologischen, also liegt eine Umstellung ganz und gar nicht in ihrem Interesse.

— Die Umstellung auf bleifreies Benzin kostet die Raffinerien lange nicht so viel, wie behauptet wird. Es sind lediglich ein bis zwei Cents pro Liter, wie Beispiele aus Mexiko und Thailand zeigen. Und auch die Umstellung auf schwefelarmen Treibstoff ließe sich bewältigen, wenn die Konzerne nur wollten.

— Sonnenenergie und kompakte Energiesparlampen könnte die Effizienz vervierfachen und die Abhängigkeit von der Existenz von Stromversorgungsnetzen in ländlichen Gebieten verringern. Das träfe natürlich das Geschäft von Maschinen- und Anlagenbauern, die sich bisher noch nicht im Wettbewerb mit Herstellern von Leuchtdioden gesehen haben.

– Für Motorräder und Dreiradfahrzeuge könnten saubere Viertaktmotoren vorgeschrieben werden, wie es in Thailand geschehen ist. Oder man könnte gleich den Sprung zu neuen Antriebskonzepten machen, die bereits in den Schubladen der Konzerne schlummern und so lange nicht vorangetrieben werden, wie die bestehenden Fertigungsanlagen und Patente noch Wert besitzen.

Diese wenigen Beispiele zeigen, was alles möglich ist. Um dieses Potenzial voll auszuschöpfen, müssen jedoch die Entwicklung und der Einsatz innovativer Produkte und Techniken noch weiter vorangetrieben werden und auch dabei hilft der Globale Kontinuierliche Verbesserungsprozess.

Die Politik muss den nationalen Rahmen verlassen

Wie schon erwähnt, der Globale Kontinuierliche Verbesserungsprozess setzt globales Handeln voraus, das heißt, auch die Politik muss den nationalen Rahmen verlassen und zu einer internationalen Zusammenarbeit, zur Verfolgung gemeinsamer Ziele kommen. So ist es vor allem notwendig, dass die Deckung des Mindestkonsumbedarfs aller Menschen ausdrückliches Ziel der Politik aller Länder wird.

In der Allgemeinen Erklärung der Menschenrechte heißt es: »Jedermann hat das Recht auf einen für die Gesundheit und das Wohlergehen von sich und seiner Familie angemessenen Lebensstandard, einschließlich ausreichender Ernährung, Bekleidung, Wohnung, ärztlicher Versorgung und notwendiger sozialer Leistungen ... Jedermann hat das Recht auf Bildung.« Dies gilt für alle Menschen, egal, wo sie leben.

Das setzt Regierungen voraus, die sicherstellen, dass alle genug zu essen haben, dass kein Kind ohne Bildung bleibt, dass niemandem der Zugang zu Gesundheitsversorgung, sauberem Trinkwasser und einfachen Sanitäreinrichtungen versperrt ist und dass alle Menschen ihre potenziellen Fähigkeiten voll und ganz entwickeln können. Daran mangelt es heute noch. Vielen Regierenden scheint es immer noch in erster Linie um Macht und Reichtum für sie und ihre Familien zu gehen. Es ist dringend ein Umdenken notwendig und ein entschlossenes Vorgehen zur Verwirklichung der genannten Ziele. Dabei ist durchaus denkbar, dass die Bereitstellung sozialer Grundversorgungsdienste durch den Staat durch günstige Rahmenbedingungen und ein Anreizsystem für private und freiwillige Aktionen ergänzt wird.

Notwendig sind unter anderem Maßnahmen zur Sicherung der Ernährung, die von Anreizen im Rahmen der Geld-, Steuer-, Handels- und Preispolitik bis zu Institutionen und Anreizen zur Produktions- und Absatzförderung auf lokaler Ebene reichen. In den öffentlichen Haushalten müsste sozialen Grundversorgungsdiensten wie Bildung, Gesundheit, sauberes Wasser, einfache Sanitäreinrichtungen Vorrang eingeräumt werden. Und dabei geht es nicht nur um den Ausbau dieser Dienste, sondern auch um gerechten Zugang dazu.

Erforderlich sind gleichfalls Infrastrukturmaßnahmen für Transport und Energie, mit denen nicht nur wirtschaftliches Wachstum, sondern die Bereitstellung erschwinglicher und effizienter Dienstleistungen für die Menschen möglich wird. Dies bedeutet zum Beispiel öffentliche Verkehrsmittel, Straßen und Wege und in ländlichen Gebieten Energie aus erneuerbaren Quellen.

Die Regierungen könnten Anreize zur Entwicklung von Gütern schaffen, die von Armen besonders benötigt werden, wie preiswerte Baumaterialien, energiesparende Geräte und Vorrichtungen zur Lagerung von Lebensmitteln. Und sie könnten gesetzliche Rahmenbedingungen schaffen, die die Rechte der Menschen auf Wohnraum, auf Gemeinschaftseigentum und auf Kredite garantieren.

Techniken, die für Arme und Reiche umweltverträglich sind

Eine wichtige Rolle spielen die Entwicklung und der Einsatz von Techniken und Methoden, die für arme wie für reiche Konsumenten umweltverträglich sind. Man kann es nicht oft genug sagen, die Herausforderung liegt nicht darin, das Wachstum anzuhalten, sondern in der Veränderung der Konsum- und Produktionsmuster durch neue Techniken mit höherer Effizienz und geringerem Verschmutzungsgrad.

Um ein nachhaltiges Wachstum von Konsum und Produktion zu erreichen, sind noch wesentliche Fortschritte bei der Entwicklung von sauberen Techniken erforderlich, die Material, Ressourcen und Kosten sparen. Ebenso notwendig sind Konsumlösungen, die umweltfreundlich, preiswert und für die Armen erschwinglich sind. Viele müssen erst noch erfunden und entwickelt und die schon vorhandenen weiter verbreitet werden.

Die öffentlichen Ausgaben für Forschung und Entwicklung im Energiesektor sind seit Anfang der Achtzigerjahre real um ein Drittel zurückgegangen. Außerdem werden kaum zehn Prozent davon für Verbesserungen der Energieausnutzung aufgewandt. Alles andere fließt hauptsächlich in die Entwicklung fossiler Energieträger und der Nuklearenergie. Regierungen – und auch die Konzerne – müssen sich wesentlich stärker für zusätzliche technologische Entwicklungen und deren Anwendung in den armen Ländern einsetzen.

Die bessere Möglichkeit wäre, wenn die Regierungen nicht selbst die besten Technologien auswählten und förderten, sie sollten vielmehr positive Rahmenbedingungen für den Markt schaffen; denn Privatunternehmen könnten diese Aufgabe sehr viel besser erfüllen. Regierungen könnten zum Beispiel den Energielieferanten vorschreiben, einen bestimmten Mindestanteil an Energie aus erneuerbaren Quellen bereitzustellen. So würde der Einsatz erneuerbarer Energiequellen sichergestellt und gleichzeitig ein Anreiz für die Entwicklung neuer, effizienter und preiswerter Techniken gegeben.

Es gibt heute schon eine ganze Reihe technischer Lösungen für umweltfreundliche Produkte, aber in den derzeitigen Preisstrukturen sind Umweltkosten und -nutzen unterbewertet, es fehlen Anreize für die umweltfreundliche Produktion. Eine verstärkte staatliche Unterstützung für weitere Forschung und Entwicklung könnte Abhilfe schaffen.

Dringend notwendig ist die Entwicklung von Technologien, die speziell den Bedürfnissen der Armen

Rechnung tragen. Rund zwei Milliarden Menschen in Entwicklungsländern haben noch immer keinen Zugang zu elektrischem Strom. Wenn dieser Bedarf durch saubere, erneuerbare Energiequellen gedeckt werden könnte, dann würden sich Armut und Luftverunreinigung verringern. Selbst in den abgelegensten Dörfern ließen sich Sonne und Wind für die Energieerzeugung nutzen.

Windkraft, deren Nutzung als Energiequelle weltweit am schnellsten wächst, deckt heute erst ein Prozent der globalen Nachfrage. Indien verfolgt das Ziel, bis 2012 rund zehn Prozent seiner Energie aus erneuerbaren Quellen zu beziehen, die bis zur Mitte des nächsten Jahrhunderts die Hälfte des Energiebedarfs der Welt decken könnten.

Besonders wichtig für die Armen sind neue Techniken zur Agrarproduktion auf ökologischen Grenzböden. So haben Wissenschaftler bereits Hochleistungssorten von Reis, Weizen und Mais entwickelt, bei denen sich der Durchschnittsertrag gegenüber den herkömmlichen Sorten verdoppelt hat. Allerdings gilt dies nicht für Regionen, wo es wenig regnet, und für ökologisch stärker gefährdete Gebiete, in denen die Menschen von Hirse und Sorghum sowie von Rindern, Schafen und Ziegen leben. Der weltweite Durchschnittsertrag von Hirse und Sorghum stieg in den zurückliegenden beiden Jahrzehnten nur um 15 Prozent.

Ich will jetzt nicht den Eindruck erwecken, die Verantwortung läge allein bei den Politikern und Regierungen. Es ist dringend an der Zeit, dass sich auch die Konzerne ihrer sozialen Verantwortung bewusst werden und umweltfreundliche, armutssenkende Produkte bereitstellen. Und ein Markt ist vorhanden, allein für Umweltprodukte wird das Volumen auf 500 Milliarden Dollar geschätzt.

Unsinnige Subventionen und falsche Steuern

Viele Entwicklungsländer setzen Subventionen ein, zum Beispiel für Grundnahrungsmittel und die Grundversorgung mit Energie, um das Überleben der Armen zu sichern und die Armut zu bekämpfen. Aber gleichzeitig besteuern die meisten Länder Erwerbstätigkeit und subventionieren direkt oder indirekt die Schädigung und Verschmutzung der Umwelt.

Solche unsinnigen Subventionen sind vor allem in den Sektoren Energie, Wasser, Straßentransport und Landwirtschaft üblich, sie werden weltweit auf 700 bis 900 Milliarden Dollar pro Jahr geschätzt. Der Gesamtbetrag der Subventionen ist in den OECD-Ländern etwa doppelt so hoch wie in der übrigen Welt. Am höchsten wird hier nach Ermittlungen der UN die Landwirtschaft subventioniert mit über 330 Milliarden Dollar, gefolgt vom Straßenverkehr mit 85 bis 200 Milliarden Dollar. In den Entwicklungsländern und den sich entwickelnden fließen die höchsten Subventionen in den Energiesektor mit 50 bis 200 Milliarden Dollar und den Wassersektor mit 42 bis 47 Milliarden Dollar.

Es gibt aber auch positive Beispiele für die Besteuerung von Umweltverschmutzung und Raubbau an Ressourcen, wie die Steuer gegen Luftverschmutzung in Schweden und die gegen die Wasserverschmutzung in den Niederlanden, die Abgaben für Industrieabwässer in Malaysia und die Besteuerung der Autos in Singapur. Die sozialen Kosten von Umweltschäden werden für Europa im Durchschnitt auf über vier Prozent des Bruttoinlandsprodukts, für die Vereinigten Staaten auf zwei bis zwölf Prozent geschätzt.

Man müßte die unsinnigen Subventionen abschaffen und stattdessen Ökosteuern einzuführen, woraus Umweltschutzmaßnahmen finanziert, Steuern auf Arbeit gesenkt oder den Armen ein besserer Zugang zu sozialen Versorgungsdiensten eröffnet werden könnten. So entstünde die Chance, die Konsummuster so zu verändern, dass Umweltschäden rückgängig gemacht werden können und das Konsumniveau der Armen angehoben werden kann. Zum Beispiel würde die Abschaffung von Wassersubventionen den Wasserverbrauch um zwanzig bis dreißig Prozent senken, in einigen Teilen Asiens sogar um fünfzig Prozent.

In Entwicklungsländern werden 15 Milliarden Dollar an Subventionen für den Straßenverkehr ausgegeben. Die verstärkte Einbeziehung von Privatunternehmen in Finanzierung, Bau und Betrieb öffentlicher Transportsysteme würde zur Verringerung dieser Subventionen führen. Die eingesparten Gelder könnten dann sinnvoller eingesetzt werden. So hat Argentinien durch Privatisierung der städtischen Verkehrsbetriebe bei den Subventionen für den Vorortschienenverkehr zwischen 1993 und 1995 25 Millionen Dollar eingespart.

Die Politiker von immer mehr Ländern sehen ein, daß die bisher praktizierte Politik und die Subventionen fatale Folgen haben. So wurden in den Entwicklungsländern die Energiesubventionen von über 300 Milliarden Dollar in den früher Neunzigerjahren auf heute 150 bis 200 Milliarden Dollar zurückgenommen. Auf der anderen Seite führen immer mehr Staaten Ökosteuern ein, deren Potenzial jedoch noch nirgends ausgeschöpft wurde. Selbst in den skandinavischen Ländern, die Vorreiter der Ökosteuer sind, haben sich die staatlichen Einnahmen durch Steuern auf Umweltverschmutzung und Verkehrsüberlastung nur um rund sieben Prozent erhöht.

Verstärkte Verbraucheraufklärung

Eine Erweiterung der Wahlmöglichkeiten von Konsumenten nützt wenig, wenn Entscheidungen aufgrund falscher oder irreführender Informationen getroffen werden. Der Staat sollte sich mehr für den Schutz der Verbraucherrechte einsetzen, um den Machenschaften der Konzerne entgegenzuwirken. Ein besserer Verbraucherschutz kann auf verschiedene Weisen erreicht werden. Ein Beispiel wären strengere Vorschriften zu Informationen auf Packungen und Etiketten über Inhalt, die richtige Verwendung der Produkte und deren Auswirkungen auf die Umwelt. Auch Informations- und Aufklärungskampagnen über potenzielle Gesundheitsgefahren könnten hilfreich sein. Oder auch eine stärkere Kontrolle der Werbung zum Beispiel bei Produkten für Kinder.

Es reicht aber nicht nur, Gesetze zu erlassen, man muss sie auch umsetzen. Die Interessen der Armen können nur geschützt werden, wenn sichergestellt ist, dass unbestechliche Institutionen die Umsetzung wichtiger Vorschriften überwachen, wie Recht auf Land, gesichertes Wohnrecht und genaue Informationen über Konsumgüter.

Selbstkontrolle durch die Veröffentlichung von Informationen über Verursacher von industrieller Umweltverschmutzung hat sich als sehr wirksam erwiesen. Auf diese Weise werden der Öffentlichkeit die Ursachen der Umweltschäden bewusst gemacht, das kann zu Verhaltensänderungen führen. Ein Beispiel ist das US Toxic Release Inventory, das Unternehmen dazu verpflichtet, die in die Umwelt eingeleiteten Mengen giftigen Materials zu veröffentlichen. Viele Firmen reagierten mit einer Reduzierung der Verunreinigungen, um nicht so schlecht dazustehen.

Stärkere Steuerung globaler Konsumwirkungen

Der Schutz der Umwelt und grundlegende Veränderungen von Konsummustern und -gewohnheiten sind globale Herausforderungen und die Probleme können auch nur global gelöst werden. Es gibt bereits einige positive Beispiele für entsprechende internationale Abkommen. Die Basler Konvention über die Kontrolle des grenzüberschreitenden Transports gefährlicher Abfälle verbietet den Export solcher Abfälle in arme Länder. Es existiert auch eine Konvention über die Erhaltung der biologischen Vielfalt und die Konvention über den Internationalen Handel mit gefährdeten Tier- und Pflanzenarten. Diese Abkommen erfüllen oft nicht die in sie gesetzten Erwartungen, sind aber doch Schritte in die richtige Richtung.

Die jüngste Konferenz in Kyoto im Rahmen der Klimakonvention der Vereinten Nationen hat den Industrieländern Ziele für die Einschränkung der Emissionen von Kohlendioxid gesetzt und einen Mechanismus zur Unterstützung der Entwicklungsländer vorgeschlagen. Allerdings hat man noch keine Lösung für die Finanzierung und die organisatorischen Voraussetzungen gefunden.

Es gibt noch viel zu tun. Zahlreiche globale Instrumente, die die Überwindung von Umweltproblemen und Armut ermöglichen sollen, sind noch in der Entwicklungsphase. Dazu gehören handelbare Umweltzertifikate, Systeme für den Schuldenaustausch und Programme für fairen Handel. Bei der Realisierung dieser Instrumente muss darauf geachtet werden, dass sie nicht die armen Staaten benachteiligen und noch ärmer machen. Es fehlt zudem eine globale Koordinierungsstelle wie die vorgeschlagene »Bank für Internationalen Umweltausgleich«.

Stärkung von privaten Initiativen

Verbrauchergruppen haben bereits Erfolge beim weltweiten Schutz von Verbraucherrechten erzielt, die Herausnahme riskanter Produkte aus dem Markt oder eine Ekettierungsvorschrift. Heute gehen die Verbraucher immer mehr dazu über, sich auch für die Interessen von Gruppen in ganz anderen Weltgegenden einzusetzen. Studien in Europa haben gezeigt, dass die Verbraucher bereit sind, Aufschläge von fünf bis zehn Prozent für Produkte zu bezahlen, die in puncto Herstellung, Gebrauch und Entsorgung umweltverträglicher sind. Die Konzerne reagieren aber noch zögernd auf die Nachfrage der Verbraucher nach sauberen und sicheren Produkten.

Wenn sich alle in den Industrieländern bestehenden Initiativen, die Umweltbewegung, die Frauenbewegung, die Bewegung, die sich für Kinder einsetzt, Verbrauchergruppen und solche, die gegen Armut ankämpfen, zusammentun würden im Kampf für menschliche Entwicklung, könnten sie ihren Einfluss enorm verstärken. Überall auf der Welt werden Verbraucher- und Umweltschutzinitiativen gegründet, privat oder in Zusammenarbeit mit den Regierungen oder internationalen Organisationen.

Der Druck dieser Initiativen hat bei den Bemühungen um nachhaltigen Konsum und eine sauberere Umwelt erhebliche Fortschritte bewirkt. Zu nennen sind hier zum Beispiel Ökosteuern und die Beseitigung von Subventionen, strenge Umweltauflagen mit entsprechenden Strafen und eine Verbesserung der öffentlichen Infrastruktur und Dienstleistungen. Dies zeigt, was alles möglich ist, wenn alle gemeinsam ein Ziel verfolgen.

Die Pflicht zur Rechenschaft

Jüngste Erfahrungen lassen hoffen und geben Hinweise darauf, dass Veränderungen der Konsummuster mit dem Ziel einer nachhaltigen Bekämpfung der Armut durchaus möglich sind, heißt es im jüngsten UNPD-Bericht. Das hohe Niveau von Konsum und Produktion in der heutigen Welt, die Macht und das Potenzial von Technologie und Information eröffneten große Chancen.

Es muss ein neuer Ansatz gefunden werden, der den Aspekt der Gleichstellung der Geschlechter mit einbezieht, um die Belastung durch Fürsorge und die Verantwortung für sie gerecht zu verteilen. Neue institutionelle Mechanismen, eine bessere staatliche Politik und ein sozialer Konsens sind erforderlich, um Anreize zu schaffen, damit Fürsorge sich lohnt, und um so ihre Verfügbarkeit und Qualität zu verbessern.

Jede Gesellschaft muss ihre eigenen Vorkehrungen treffen, die ihrer Geschichte und ihrer aktuellen Situation Rechnung tragen. Aber alle Gesellschaften müssen bessere Lösungen finden. Und alle müssen sich nachdrücklich dazu verpflichten, Zeit und Ressourcen für die Fürsorge bereitzustellen und die menschlichen Beziehungen, Nährboden jeder menschlichen Entwicklung, zu hegen und zu pflegen.

Es gibt zur Zeit keine Mechanismen, die dafür sorgen, dass ethische Normen und Menschenrechte für Unternehmen und Individuen rechtlich verbindlich sind und nicht nur für die Regierungen. Bei multilateralen Abkommen und internationalen Menschenrechtsvereinbarungen sind nur die Regierungen rechenschaftspflichtig. Im Rahmen der nationalen politischen Strukturen sind alle Akteure innerhalb der Grenzen eines Staates rechenschaftspflichtig. Diese Strukturen verlieren jedoch durch die zunehmende Bedeutung supranationaler globaler Akteure (multinationale Konzerne) und internationaler Institutionen (IWF, Weltbank, WTO, Bank für internationalen Zahlungsausgleich) an Gewicht. Standards und Normen sind erforderlich, die Grenzen setzen und Verantwortlichkeiten für alle Akteure definieren.

Die geistigen Eigentumsrechte im Rahmen des TRIPS-Abkommens müssen gründlich überarbeitet werden, um ihre unsinnigen Auswirkungen wiedergutzumachen, die die Ernährungssicherheit, einheimisches Wissen, die biologische Sicherheit und den Zugang zur Gesundheitsvorsorge unterminieren.

Es sind Investitionen in Technologien erforderlich, die den Bedürfnissen armer Menschen und armer

Länder entsprechen – auf jedem Gebiet, angefangen bei Saatgut bis hin zu Computern.

Es muss ein internationaler Verhaltenskodex für multinationale Konzerne entwickelt werden. Derzeit sind diese an Verhaltenskodexe nur im Rahmen dessen gebunden, was die Gesetzgebung einzelner Staaten im Hinblick auf die sozialen und ökologischen Auswirkungen ihrer Aktivitäten von ihnen verlangt. Es ist richtig, dass sie in jüngster Zeit freiwillige Kodizes für ethisches Verhalten übernommen haben. Multinationale Konzerne sind jedoch zu mächtig, um ihr Verhalten freiwilligen, selbst entworfenen Normen überlassen zu können.